あなたは、死なない
安心してください、
お迎えが来ますから

坂本政道

廣済堂出版

はじめに ――「必ずお迎えが来る」という事実

人は死を恐れる。普段ほとんどの人は死を気にせず生きているが、いざ自分が死ぬとなると、その恐怖におののくものだ。

江戸時代の文人で狂歌師だった大田南畝《なんぽ》の辞世の歌に
「今までは　人のことだと　思ふたに　俺が死ぬとは　こいつはたまらん」

というのがある。

これは、これまでに何度も見聞きした他人の死と、自分の死ではまったく話が違うこと、自分の死がいかに大変なものかを良く言い表している。

そういう死を眼前に控えた人にとって、「必ずお迎えが来る」という事実は、大きな希望になると思う。また、「死後も自分は存続し、死後世界で生き続ける」という事実は、さらなる希望を与えるだろう。

こういった事実は何故か世間一般には否定されていて、真面目にそういうことを言う人はおかしな人という烙印《らくいん》を押されてしまう。

科学万能主義がその背景にあるのだが、物理学を学んだ者として言えることは、科学は未完成で、まだまだ発展途上にあるということ。わかっていないことの方が圧倒的に多いのである。人は未知なることに対してもっと謙虚になるべきだと思う。


話を戻す。

私は子供のころ、肉体的にはまったく元気だったときに、何度か死の絶望を味わったことがある。自分もいずれは死ぬんだと思うと、真っ暗な穴の中へ落ちていくことがあった。行きつく先は、希望の2文字が消える暗黒の世界だった。

この体験があったことから、生きている間に何とか死の恐れを解消したいと思うようになった。その後、人生の紆余《うよ》曲折《きょくせつ》はあったが、35歳でロバート・モンローの本に出会い、体外離脱を体験した。

さらにモンローの開発したヘミシンクという音響技術を体験することで死後世界を何度も訪れ、死の恐れを解消することができた。

本書では私が体験を通して知った死後の真実についてお話しし、死の恐れの軽減に少しでも役立てばと思う。
なお、私はモンロー研究所のレジデンシャル・トレーナーとして、日本でモンロー研究所の公式ヘミシンク・セミナーを開催している。詳しくは㈱アクアヴィジョン・アカデミーのウェブサイトをご覧いただければ幸いである。

坂本政道

あなたは、死なない

安心してください、お迎えが来ますから

目次

第2章
人は死んでも向こうの世界で生き続ける

第5章 死後世界の体験を可能とするヘミシンク

第6章

死後世界の構造

第7章

救出活動を通して死後世界をさらに知る

第10章 死後に迷いの世界へ入らないために

第1章

「お迎え」という現象

「お迎え」とは？

人が死ぬときに向こうの世界から「お迎え」が来るということは古来言われている。「お迎え」とは、「先に亡くなった家族や親族、友人、あるいは何らかの宗教上の存在などが臨終にやって来て、彼らに連れられて向こうの世界へと旅立っていくこと」を指す。

今では「お迎えが来る」という言葉が、実際に誰かが迎えに来るという本来の意味ではなく、死ぬことを意味する場合も多い。

このように現代社会ではこの言葉を文字通りの意味でとらえる人は少ない。死に瀕した人が「死んだ誰々さんがお迎えに来た」と言うと、それは幻想を見ているとか、せん妄だと片づけられてしまう。

ただ、「お迎え」という現象は真実を語っているのである。先に亡くなった家族や友人が臨終にお迎えに来るというのは本当のことなのだ。

さらに言えば、彼らに気づき、彼らといっしょに行くことができれば、迷うことなく、死後世界の中の「安寧な世界」へ達することができる。

ただ、現代人はお迎えが来ることを知らないので、せっかくお迎えが来ても、多くの場合は彼らに気づかない。死後世界は広大で、道案内なしではどこへ行ったらいいかわからず、結果、「迷いの世界」へ入ることになる。


と、ここまで読んでこられた皆さんは、何を根拠にそんなことを言うのかと疑問に思われるかもしれない。それはうなずける。昔の私だったら、そう思ったはずだからだ。

こう確信を持って言える理由は、体験を通して知ったからである。

私は35歳で体外離脱を体験し、さらにモンロー研究所のヘミシンクという音響技術を学び、死後世界を体系的に体験できるようになった結果、確信を持って死後世界について話すことができるようになった。

ロバート・モンローとヘミシンク

モンロー研究所とは、ロバート・モンローが1970年代に創設した研究機関で、米国のヴァージニア州にある。ロバート・モンローは体外離脱体験を通して死後世界を探索し、その全貌を明らかにした人である。

モンローは一般の人にも同様の体験をしてもらいたいと思い、ヘミシンクという音響技術を開発した。これはステレオ・ヘッドフォンで聴く音である。ヘミシンクを体系的に学んでいくと、死後世界を体験できるようになる。体験を通して自分で確信できるようになる。

ヴァージニア州ののどかな
ブルーリッジ山脈の中にあるモンロー研究所。

ロバート・モンロー。

モンロー研究所における50年にわたる調査研究により、死後世界の構造は詳細まで解明されてきている。

死後世界は物質世界に近いほうから遠いほうまで階層状になっていて、モンロー研究所ではそれらに便宜上フォーカス・レベルという番号を充《あ》てて区分している。

物質世界に近いほうから順にフォーカス23、24、25、26、27である。

その手前にフォーカス21というレベルがあり、それが物質世界と死後世界の境界になっている。23から27までは大きく3つの領域に分けることができる。詳細は後でお話しするが、ざっと概観するとこうなる。フォーカス22については、後でお話しする。

フォーカス21　この世とあの世の境界領域

境界を象徴する川やそこにかかる橋が見られることが多い。亡くなった人の中にはここまで降りて来られる人がいる。生きている人は夢の中や臨死体験時にここまで来て亡くなった家族や知人と会うことがある。

フォーカス23　囚われの世界

死んだのにいつまでも物質世界のごくそばの領域にい続ける状態。死んだことに気づいていないことが多い。いわゆる幽霊はここにいる人が生きている我々に知覚された例である。

フォーカス24～26　信念体系領域

人の持つ信念や価値観、欲に対応する世界が無数にある領域。たとえば、特定の宗教、宗派を信じている人が集まっている世界、武者が戦い続ける世界、性欲を満たそうといつまでも求め合うが満たされない世界など。

フォーカス番号の違いは、信じている程度の違い。24が一番深く信じている。

フォーカス27　輪廻転生の中継点（安寧な世界）

次の生へ移行するまでの一時的な休息と次の生の準備をする領域である。死後ここまで来られれば、安心満足できる。この中の休息のための場は「癒しと再生の場」と呼ばれる。それ以外に「受け入れの場」、「教育の場」、「計画の場」などがある。

フォーカス27には多くのヘルパーがいて、ここまで来た人の手助けをする。場合によっては、死後のお迎えに出向く。その際、先に亡くなった家族、知人がいれば、彼らと共に出向く。

ここまで紹介した中でフォーカス27が「安寧な世界」で、それ以外のフォーカス23から26までは、平たく言えば「迷いの世界」である。

私はヘミシンクを聴いて、これまでに多くの亡くなった人に死後世界で会ってきた。これまでに会った人たちのうち、どれぐらいがフォーカス23にいて、どれぐらいが24～26で、どれぐらいが27なのか、統計を取ったわけではないので、はっきりしたところはわからない。

しかも、その割合は時間と共に変わる。死んだすぐ後と、それから数か月後、数年後と時間が経つうちに徐々に27へ移行する人が増えてくるのだ。それは亡くなった人のガイドやヘルパーと呼ばれる人たちが27への移行を手助けしているからだ。

死んで真っ直ぐに27へ行く人は、それほど多くないように思われる。3割程度だろうか。

そういう意味で、お迎えが来ることを知る人が増えれば、その割合は確実に増えると思う。ぜひその事実を知ってほしいと思う。

それでは次に、お迎えに従うことで死後世界の中のフォーカス27へ行った人の例をいくつか紹介したい。

ソニー時代の同僚に会う

２０１８年7月7日、ヘミシンクを聴いてフォーカス27を訪れる。フォーカス27の「受け入れの場」に着いた。突然目の前に紙がポロンと出てきた。

見ると、そこにはある女性の名前が書かれていた。それは40年前にソニーで同僚だった女性の名前だ。その女性の顔が見える。彼女は亡くなったのか？

彼女から情報が流れるように伝わってきた。

……ガンで死んだ。60歳。結婚して子供がふたり、男の子と女の子。幸せな人生だった。死ぬ前に坂本さんの『死後体験』や『あの世はある』（共にハート出版）を読み、死んだら、お迎えが来るということを信じた。そうしたら本当に叔母がお迎えに来た。叔母といっしょにここまで来た。坂本さんと会えてうれしい。お久しぶり。……

私は1977年から87年の10年間ソニーに勤めていて、前半は横浜の中央研究所でCCDの開発に、後半は厚木で半導体レーザーの開発に関わった。

この女性は後半の部署で私の下で働いていた人だった。私よりも4、5歳若かった。結婚したことまでは知っていた。

私は87年に渡米し、シリコンバレーのベンチャーで働くようになり、それ以降、当時のソニーの人たちとのつながりはなくなった。なので、この女性が60歳で亡くなったか確かめることはできていない。

彼女の独身時代のイニシャルはＫＫである。結婚後確かＫＮになったと思う。誰かご存じの方は私の会社であるアクアヴィジョン・アカデミー（reg@aqu-aca.com）までご連絡いただければ幸いである。


この女性のようにお迎えが来ることを知っていると、お迎えに気づくことができ、お迎えに連れられてフォーカス27（安寧な世界）へ行くことができる。お迎えが来ることを知っているだけで、大きな違いになる。

次の例は自殺した知人のＳさんである。

自殺したＳさん

亡くなって数日後、Ｓさんにコンタクトしようと試みたが、うまく行かなかった。

そこでまず、フォーカス23を探ってみた。ここは死後世界の中でもこの世のごく近いところにある領域である。

そこにはどうもいるような感じはしなかった。代わりに、Sさんの夫の笑顔や、夫と過ごした楽しかった日々の映像なのか、どこかを旅行しているときの光景が見えた。

そこでフォーカス27にいるのかと思い、フォーカス27の「受け入れの場」あたりから感じてみた。そこにもいないようだ。

そこでガイドに聞いてみると、すぐに次の答えが返ってきた。ガイドとは私を導く非物質の存在である。一般的には守護霊とか指導霊とかと呼ばれている。

通常各人に何人かのガイドがいて、それぞれの人を導いている。

「Sさんは死んだ後、比較的簡単にフォーカス27まで連れていくことができましたよ」

さらに以下の情報が若干の映像と言葉で伝わってきた。

……亡くなったSさんのところに母方の祖母がやってきた。それを見たSさんは、「おばあさん！」と言って抱きつき、すぐにいっしょにフォーカス27へ行った。

……

Sさんは今フォーカス27の中の「癒しと再生の場」でヒーリングを受けているとのことだ。まわりからシールドされた環境でゆっくり癒されている。だから、彼女を感じてみても何も感じられなかったのだ。

Sさんはお迎えに来た祖母にすぐに気づくことができた。その結果、フォーカス27へ行くことができた。

彼女に死後のお迎えの知識があったかどうかは定かでない。ただ、私の知人なので拙著を読んでいた可能性は高いと思う。

ところで、これまでに多くの自殺者に向こうの世界で会ったが、彼らの状況は人それぞれだ。自殺したからといってみな一様に地獄のようなところに堕ちるというわけではない。本人が死後に対してどういう考えを持っているかが重要である。

ただ、多くはフォーカス23にいるようだ。いくつか例を挙げたい。

■走ってきた列車に飛び込み自殺した人。ホーム下の物陰に人目につかないように隠れている。

■死んだのに借金取りから逃げ回っている（死んだことに気づいていない？）。

■崖から飛び降り自殺をした人。死んだはずなのに死んでいない（体があり、まわりの物質世界がそのまま見えるので勘違いしている）ので、自殺を繰り返している。

■死んだので一切の責任から解放されて安心したが、その後について考えたことがなく、物質世界をさまよい続けている。

それに対して、ここで紹介したSさんのようにお迎えの人に気づき、お迎えの人に連れられてフォーカス27に来た人もいる。

死後どういう状況になるかは、自殺かどうかはあまり関係なく、死後世界についてどう考えているかが多大に影響するようだ。

ヘミシンクを練習していたFさん

Fさんはアクアヴィジョン・アカデミーの主催するヘミシンク・セミナーにたびたび参加し、自分が死後も存続することを体験を通して知っていた。そんなFさんは2023年にガンを患い、2024年5月に亡くなった。彼が亡くなった次の日、その連絡がメールで来た。私はすぐに彼に意識を向け、コンタクトした。

するとFさんがいつもの関西弁で話し出した。生前とまったく同じ感じだ。そして、元気でフォーカス27（安寧な世界）にいるということ、先に亡くなった奥さんと再会して楽しくやっているということが、感情を含めて伝わってきた。

後日再びコンタクトした際に聞いてみた。

「どうやってフォーカス27まで行ったんですか？」

「死ぬ何日か前から妻がやって来て、いっしょにフォーカス27へ行って、また戻るということをやっていたんですわ。そのうち肉体がかなりやばい状態になってきたので、もういいやと思い、フォーカス27にそのまま残ることにしたんですわ」

なるほど。死後世界を熟知すると、こういう死に方ができるようになるのである。死後世界についての知識と事前のヘミシンクでの練習が彼の場合、功を奏したわけである。

知人のHさん

Hさんはガンの闘病生活の末、2013年2月に亡くなった。まだ50歳だった。最後は意識が朦朧《もうろう》としていて、話しかけても聞こえているのかすら、わからない状態だった。

亡くなって数日後、彼に意識を向けて、様子をうかがってみることにした。

Hさんは喜びにあふれる明るい世界にいることが感じられた。フォーカス27だ。

彼と交信してみる。

「そちらはどうですか？」

「え？　坂本さんですか。驚いたな。こちらの世界とコンタクトできるんですね。こちらでは、そちらの人が僕のことを思った瞬間にわかるんですよ。意識がすごく広がっていて、一度にいろいろな人の思いを感じられるんです。でも、僕の思いはそちらにまったく伝わらないのが残念です。こっちはすばらしい世界で、元気にしています」

Hさんは明るい感じで、下界で入院していたときに比べて、もうちょっと意識がクリアになったような印象を受けた。

告別式で、彼に意識を向けてみた。すると、Hさんは上からこちらの様子を見ているようだった。直径10メートルほどの丸い開口部があり、その縁から頭を出して下を見下ろしている。この斎場の様子がクローズアップで見えるようだ。彼はこういうことができることに少々驚いている様子だ。

その翌日、ガイドと交信する。

すぐにガイドが話し出した。

「あなたが昨日の告別式の際に知覚したように、Hさんはフォーカス27の喜びにあふれる光の世界にいます。フォーカス27の丸い穴から下界の葬式の様子を見ていました。今フォーカス27がどういうところなのか、先生について学んでいるところです。死後があまりに予想と違うので驚いています。

先生は彼のガイドで、ポリネシア人のような風貌の存在です。彼は当初、この人とは初対面だと思ったのですが、前に会ったことがあることを思い出しました。実は何度も会っていたのです。毎回死んでフォーカス27に来たときに会っていました」

ついでHさんと交信する。

「坂本さんですね。死後はこうだと知りませんでした。そういえば、坂本さんは本に書いていましたね。そこに書いてあることと同じです。僕の姉に幸せにやってるって伝えてください。それから母にも。お願いします」

南洋の明るい青緑色の海と海岸が見えてきた。そういえば、Hさんは学生時代に海洋学を学んでいた。海が大好きだった。だから、今、南洋の海にいるのだ。

フォーカス27では自分の思いどおりの景色や環境を作り出して、そこに住むことができる。彼は自分の大好きな南の海を思い描いて、そこに暮らしているのだ。

数年後、彼に再度コンタクトした際に、死んだときに何が起こったのか聞いてみた。

「突然、体が軽くなってフワッと浮き上がったんですよ。これって体外離脱かなって思っててちょっと興奮しましたね。

で、見ると、両脇に誰かいて、抱えられているんです。光のシルエット状の人なんですね。すごく優しさと愛情いっぱいで、怖さは全然感じませんでした。

そのまままいっしょに上へ上がっていきました。

次第に姿が見えてきて、右手の人はポリネシア人の恰幅がいい男性。ハワイのカメハメハ大王のような服を着ています。もうひとりはそこまではっきりとはしません。

そのまま上昇していくと、前方に緑の草原が見えてきました。そこへ着地。青空ですごく気持ちがいいところなんです。

その後、ポリネシア人の男性といっしょにいて、ここはどういうところかとか、これから何をするのか、いろいろと教えてもらいました」

彼の場合は、お迎えに気がついてからいっしょに行くというよりは、気がついたらお迎えの人たちに抱えられて体から抜け出していて、そのままフォーカス27まで行った。こういうパターンもある。

ともに会社を立ち上げたミッツィ

私は2005年2月に㈱アクアヴィジョン・アカデミーをミッツィと共同で立ち上げた。モンロー研究所で日本人向けにゲートウェイ・ヴォエッジというヘミシンクを体験する5泊6日のセミナーを開催するのが目的だった。日本で募集し、モンロー研までいっしょに行って、現地のトレーナーの通訳を我々ふたりでする、ということを4年ほどいっしょにやった。

そのうちにモンロー研から認められて我々ふたりはモンロー研のレジデンシャル・

トレーナーになり、我々だけでモンロー研プログラムを開催するようになった。

ところが２００９年になり、仕事があまりに忙しくストレスが大きいので、ミッツィはもっと自由な時間が欲しいということで退職した。その後、彼女は病になり、２０２０年に亡くなった。

向こうの世界で彼女に会う機会はしばらくなかったが、２０２２年４月23日にフォーカス21で思いがけず出会った。

フォーカス21とはこの世とあの世の境界であり、亡くなった人でここまで来られる人は生きている人と会うことがある（夢の中やへミシンクで）。

フォーカス21には様々な施設がある。橋のたもとにブリッジ・カフェと呼ばれる場があり、モンロー研セミナー参加者がここで亡くなった人に会ったり、参加者どうしで会ったりする。


フォーカス21に着いた。ブリッジ・カフェへ行こうとすると、どこか別のところに来た。

ここは高級ホテルの吹き抜けのホールだ。天井まで続く明るい大きな窓を通して南洋の海が見える（後で思い返すと、彼女と昔セミナー会場としてよく使っていた熱海のホテルのホールと瓜二つだった）。

誰か見えない人が「こちらへどうぞ、あなたを待ってる人がいます」と言う。

カーブになった階段を降りていくと、窓際に誰かいる。はっきりとは見えないが。

「え！　ミッツィ？　申し訳ないけど、よく見えないよ」と言うと、

「じゃ、会話に切り替えて」と言われる。

すると会話が流れ出す。

「生きていた間はほんとにありがとう。お世話になったわ。私の方でいろいろ不満を感じたりしたけど、今から思うと、Ｍａｓ（私のこと）には全然問題がなかったことがわかる」

「僕も本当にありがとう。ミッツィのおかげでアクアヴィジョンをスタートできたし、ミッツィがいなかったら、始めなかったと思うよ」

「こちらは素晴らしい世界よ。ネガティブな感情はまったく起こらないわ。縁がないからかもしれないけど。それから、いろいろ興味があることは何でも調べる

ことができる。後、宇宙人の友達とも知り合いになったし」

隣りにもうひとりいるのがわかる。ただ姿はイマイチはっきりしない。

「紹介してくれるかな?」

「ＭａｓにはＭａｓの友人がいるから、そちらを知るようになるはずよ」


数年後、亡くなったときの様子を彼女に聞いてみた。


「ヘミシンクで死後世界を何度も体験したおかげで、死後のことはよくわかってた。だから恐怖心はまったくなかったのよ。

死ぬときにはお迎えが来るはずだから、待っていたの。

そうしたら、あるとき、天使やガイドが何人かやって来て、いっしょに上へ上がっていったわ。そしてフォーカス27へ到着。ここは本当に素晴らしいところよ。

これまでの制限から解放されて自由になれる」


さすが、ヘミシンクをしっかり学んでいただけはある。お迎えといっしょにフォー

ミッツィ（右端）と私(右から３人目)、フランシーン(左から４人目）と
アクアヴィジョンのトレーナーたち(2007年11月、熱海百万石ホテルにて)。

私(左）と、アクアヴィジョン・アカデミーの共同創設者の
ミッツィこと植田睦子氏(ミッツィ)。

カス27へ真っ直ぐに到着している。

高校の友人のMさん

高校時代の同級生のMさんは2008年10月に闘病生活の末に亡くなった。その翌年の夏になり、Mさんの新盆《にいぼん》の法事が行われることになった。その情報が高校同期のメーリングリスト（ML）で伝わってきた。

私はあの世にいるMさんにコンタクトしてみることにした。Mさんが亡くなったことはMLを通して知っていたが、コンタクトはしていなかった。

目をつぶり、まずガイドに意識を向ける。

すぐにガイドが話しかけてきた。

「Mさんとコンタクトしたがっているのはわかっているよ。我々と交信するのと同じやり方でいい。今、彼をここに連れてくるから、ちょっと待って。まずは会話を想像すればいい」

しばし待つ。何となく、誰かが来たような感じがする。その人はちょっと戸惑っている様子だ。

「Mさんかい？」

そう聞いてみた。

「おい、ほんとに坂本なのか。こういうことをやってるということは聞いていたけど、ほんとなんだね。驚いたよ」

「そうだよ。いつもはヘミシンクを使ってやるんだけど、今日はなしでやってる。まだ慣れないので、ちょっと自信がないが」

「ヘミシンクか。少し聞いたことがあったような気がする」

「で、どうなの、そっちの生活は？」

「楽しいね。こんなに楽しいとは知らなかった。好きなことをしてるよ。将棋とか。それに凄い人たちがいるんだ。将棋のプロとか。ちょっと教わったりしてる。それに、したかったことがたくさんあったのに時間がとれなかったこと、やってるよ。文を書いたり、サッカーやったりさ」

「そう言えば、高校のとき、文を書いたね」

高3のときに10名ほどで文集を出したのを思い出した。「異数」というタイトルをつけ、わざわざ印刷・製本して文化祭で売ったのだ。

「坂本さ、おまえ文がうまかったな。おれ好きだったよ、おまえの文章」

「そうかな、ぜんぜん下手だと思ってた」

「いや、うまかったよ」

「そうだ、何か、みんなにメッセージとかない？」

「元気にやってるって伝えて。楽しくやってるって。ときどき、みんなにコンタクトしようとするんだけど、うまく気付いてくれないんだよね」

「今度、お盆とかで人が集まるときに、何かしてくれないかな」

「そうだ、花を動かそう。エアコンの風で動いたように見えるけど、花を動かすよ」

「そうそう、何か、風とかを使うと、こういうのはうまく動くんだよね」

「そういうの、ちょっと練習してるんだよ。こっちの世界で」

「わかった。じゃ、今度みなが集まる場で、花を動かすんだね」

「そのつもり」

「ありがと」

私はこの経緯を高校同期のMLにレポートし、Mさんの新盆の法事に行く人は確認するようにとお願いした。

後で、法事に参列した同窓生3名が報告してくれたのだが、風もないのに確かにユリが揺れていたとのことだった。

その後2024年になり、本書を書くにあたり、彼に再度コンタクトした。16年ぶりだ。

「坂本か？　久しぶりだね。この前T君にも会ったよ。高校のとき同級だったからね」

「最近は何をしてるの？」

「それがさ、死んですぐのころは将棋をしたり、いろいろ遊んだけど、いい加減飽きてきてさ。で、どうしたもんかと考えてたんだけど、こちらではいろんなことを研究できるんだよ」

棚に赤ワインのボトルがずらっと並んでいるのが見える。棚は3段ほどあり、左手の壁に沿って手前から奥へと5メートルほど並んでいる。

「赤ワインの研究をしてるの？」

「そうなんだ。こっちにはその道のプロが何人もいるんだよ。その中に入れさせてもらって、ちょっと研究のお手伝いをしてるんだ」

「どこのワイン？」

「フランスだね。最近の気候変動で温暖化が進んでるだろ。これまでのブドウじゃだめなんだ。今のままだと腐ったり、病気が流行ったりするんだ。だからこちらで高温に強い品種を作ったり、あるいは作り方を変えたりしてる。

　で、新しく開発した品種や作り方のアイデアを地上の生きている人たちに、ひらめきとして与えるんだよ。うまく受け取れそうな人を何人か選んで与えるんだ。うまく受け取ってもらえたら万々歳《ばんばんざい》なんだけど、毎回うまく行くわけじゃない」

「そうなんだ。ところで、死んだときのこと覚えてる？」

「だいぶ前のことだけど覚えてるよ。こちらでは記憶力が抜群なんだ」

「そうなんだ。で、どうだったの？」

「闘病生活をしているうちにだんだん夢の中で、先に亡くなったじいちゃんに会うようになったんだ。初めは夢の中が多かったんだけど、そのうち夢うつつのような状態で会うようになった。坂本の本を読んでたんで、これって本当に死んだじいちゃんだなって思った。そうこうするうちにじいちゃんに連れられてこっちに来たんだよ。たぶん、そのとき死んだんだね」

お迎えには誰が来る？

お迎えには、先に亡くなった家族や親族（祖父母、父、母、兄弟、叔父叔母、従弟、子供、その他の親族）、友人、知人が来るのが一般的だ。まれにペットの犬や猫という例もある。アメリカ人の場合は、先に亡くなった行きつけの教会の牧師という例もあるようだ。

どんな人も死についての恐れと不安を持っている。生きている間には、死なんて怖くないと豪語していた人でも、いざ自分が死ぬとなると恐れおののくものだ。

これまでに見聞きした他人の死と自分の死には雲泥《うんでい》の差がある。檻《おり》の中にいるトラを見るのと、森の中でトラに出くわすくらいの違いだ。

それくらいの恐れの中で、よく見知った人がお迎えに来ると、大いに安心するものだ。地獄で仏とはよく言ったもので、それくらいの喜びがある。

何らかの理由で家族や親族、友人、知人がお迎えに来ない場合がある。死んだ本人が避けていたとか、会いたくない場合がそれに相当する。

そういう場合に、ガイドが姿を現すこともある。

ガイドの姿、形は様々である。

人間の姿をとる場合も多い。ごく普通の人の場合もあるが、古代の賢者や宗教上の聖人ということも多い。その人が何らかの信仰を持っていた場合、その信仰に関係する聖者が現れうる。

たとえば、ギリシャの賢者、道教の仙人、神道の神々、瀬織津《せおりつ》姫、修験道《しゅげんどう》の行者、不動明王、仏教の僧、尼、観音菩薩、阿弥陀仏などの仏、古代エジプトの神々、キリスト教の聖者、修道女、マリア、キリスト、天使、ネイティブ・アメリカンの酋長や戦士、龍神、天狗、ペガサスなど。

人の姿ではなく、動物の姿（犬、狼、熊、フクロウ、ワシなど）をとる場合もある。単なる光、光り輝く球体、幾何学パターンという場合もある。臨死体験者が死後に光の存在に会ったと報告するケースがあるが、光の存在はおそらくその人のガイドだと考えられる。

ガイドはこちらが知覚しやすいように姿を自在に変えることができるようで、実際に見える姿が本来の姿であるとは限らないようだ。

たとえば、キリストが現れたからといって、キリスト本人ではなく、亡くなった人が持つキリストのイメージに合わせた姿をガイドが取っているに過ぎない。

余談になるが、キリストに対して金髪碧眼《きんぱつへきがん》の白人をイメージする人が多いが、実際のキリストは中東の人なので、黒髪で肌は浅黒かったということが論理的に推測されている。

死に際し、ガイドが姿を現したとして、死んだ人がそれに気づくことができるかどうか。何らかの宗教を信じていて、その宗教がお迎えについて教えていたら、気づく可能性は高い。

たとえば、「阿弥陀仏の来迎」という教えがある。人の臨終に際し、阿弥陀仏が諸菩薩を率いて現れ、極楽浄土へと導いてくれるという教えである。『大無量寿経《だいむりょうじゅきょう》』に説かれる阿弥陀仏の四十八願の第十九願に基づいている。

ただし、臨終に際して阿弥陀仏が来迎するのは、功徳《くどく》を積むなどの条件を満たしている人の場合で、それを満たしていない人の場合は現れないことになっている。条件は厳しく、ほとんどの人は満たしていない。

ところが、そういう条件を無視してこの教えを信じている人には、臨終に際し、本当に阿弥陀仏が諸菩薩を率いて現れ、極楽浄土へと導いてくれる。

本当はガイドたちがそういうふうに演じているのだが、それでフォーカス27（安寧な世界）へと行かれるのであれば万々歳なので、ガイドたちがそれを利用しているのである。嘘も方便である。

お迎えに来る人を指名できるのか？

それでは、誰々さんにお迎えに来るようにと、あらかじめお願いしておくことは可能なのだろうか？　たとえば、先に亡くなった父とか祖母とかである。

指名できるのなら、亡くなる人はその人を探せばいいので、気づきやすいというメリットがあるだろう。ただ、何らかの理由でその人が来られない場合には、逆に他の人が来ても気づきにくくなるというデメリットもある。

ガイドたちはそばで願いを聞いているので、本人の願いはガイドたちに届いている。なので、指名した人がフォーカス27（安寧の世界）にいれば、お迎えの一員としてやって来ることは可能だと思う。

指名した人がフォーカス27にいない場合は、お迎えの一員に加わることはできない。その場合は、ガイドやヘルパーがその人のふりをすることは可能である。

ここで、亡くなった人であれば、どんな人でも指名できるのか。たとえば、自分の好きな俳優や歌手、有名人、あこがれの人などを指名できるのだろうか。

あくまでも推測だが、指名された本人が来ることはまずないと思う。

そのためガイドたちがふりをすることになるのだが、あくまでもふりなので、見抜けないかというと、そういう思いで見れば、わかってしまうかもしれない。

なので、確実に指名した人に来てもらいたかったら、先に亡くなった家族、友人、知人の範囲に留めておく方が無難だと思う。しかも、ひとりではなく、数名指定しておく方が、本人がやって来る確率が上がるだろう。

自力でフォーカス27へ行く人もいる

次にご紹介したいのは、お迎えが来なくても自分の力でフォーカス27（安寧な世界）へ行く人の例である。自分の死後何が起こるのかについて明確な知識があり、それに従うことで、行くことができている。

大物政治家Aさん

早朝4時半に目が覚めた。昨日、大物政治家のAさんが亡くなった。様子を見ることができるか、意識する。

Aさんの凛とした姿がありありと見える。亡くなった際の青いスーツ姿で右からこちらへ真っ直ぐに歩いてくる。しっかりとした足取りだ。表情もしっかりとしている。死んだことはわかっているようだ。私に気がついた。

「妻から死後世界のことは聞いている。あなたのことも聞いて知っている。覚悟はできていた。これからみなの待っているところへ行く。後悔はない」

エスカレーターのようなものに乗ったのか、向こうの方へ徐々に上昇していく。後姿が次第に遠ざかっていく。御先祖たちの待っている世界へ行くという確信を持っている。迷いはまったくない。

この例はいろいろな意味で、レアケースなのかもしれない。なぜそうなのかというと、

①自分の死を明確に自覚し、それを受け入れている。
②行くべきところを確信している。
③真っ直ぐそこへ向かっている。

後の章でお話しするが、人は死んでも死を自覚できないことがある。死が突然だったり、意識が混濁していたりするためだ。

その点、彼は自分の死を自覚し、しかもそれを素直に受け入れている。また、御先祖たちの待っている世界へ行くという明確な意思を持っている。これは死後世界についての確固たる信念があるからに違いない。

行くべき世界を知っているだけでなく、そこへ行く道を知っていて、真っ直ぐに向かっているというのは、実は稀有《けう》のことなのだ。話は聞いたことがあっても実際に練習していないと、なかなかこうはできない。

みながこのようにできるのが理想である。

そのためには死後世界についての知識が欠かせない。

自力で行けない場合の次善の策が、お迎えに連れて行ってもらうという手である。この手はその知識さえあれば、誰でも使うことができるが、知識がないとお迎えに気づきにくい。

ところで、Ａさんの奥様が私のことを知っていた可能性について、一言。

私は以前、船井幸雄さんの関係だったか記憶が定かでないのだが、国会議員やその関係者を前に死後世界について講演したことがある。もちろん興味がある人が対象だったが、１００人ほどが参加されていた。

また、超党派国会議員連盟「人間サイエンスの会」に招待され、衆議院第一議員会館で講演したこともある。

そういったこともあるので、奥様が私のことをご存じで、Ａさんに話されていた可能性はある。さらには、奥様が拙著を読まれていた可能性はあると思う。

気がついたら
フォーカス27に来ていた人もまれにいる

難病を患っていた知人のNさん

Nさんは難病を患い、最後は車椅子の生活を強いられていた。そんなNさんが亡くなったという連絡をもらった。すぐには機会に恵まれなかったが、しばらくして様子を見に行った。

すると、彼の姿が見えてきて、すぐにコンタクトできた。フォーカス27にいて生き生きと活動しているのがわかる。

「坂本さんですか？　こちらと話ができるんですね。そう言えば、確か前にそういうことを言ってましたね」

「はい。ところで、死んだ後、どうやってそこまで行ったんですか？」

「それがよく覚えてないんですよ。気がついたら、こちらの病院にいて、車椅子に乗っていたんですね。

『歩けるから歩いてみてごらん』と言われて、うそでしょと思ったけど、立ち上がって歩こうとしたら、実際歩けたんですよ。驚きましたね。

さらに、『あなたは死んだんですよ』と言われて、ビックリしましたが、思い返すと、確かにそんな記憶がありました。

家で倒れて救急車で運ばれたのは覚えていて、でもその辺から記憶が途切れ途切れなんですよ。

きっとそこらあたりでうまいことこちらの救急車に乗り換えたんでしょうね。その救急車でこちらへ来たみたいです」

ここで情報が来た。ヘルパーたちが彼をエネルギーでシールドして外界から隔離していたのがわかる。そうすることで、彼が物質世界に意識を向けないようにして、非物質の救急車へ移行したのだ。

「その後は?」

「こちらの世界のことをいろいろ教わりました。自分の好きにしていいみたい。

だから、好きだった古代史の勉強をしてます。いい先生が大勢いるし、自分で調べることもできる。最高ですね。久しぶりにワクワクしながら調べてます。あと、こっちは気分がいい。悩みがまったくない。体の苦労もないし」

この例のように、本人の気がつかないうちにいつの間にかうまいことフォーカス27まで連れて来られることもある。意識が明晰《めいせき》でない分、現実の救急車とヘルパーが用意した非物質の救急車の区別が付けられず、それが功を奏して、フォーカス27まで来るということもあるようだ。

ただし、陰でヘルパーたちが彼をエネルギーでシールドして、移行がスムーズに行われるようにサポートしている。

この例のようにヘルパーたちによるエネルギーのシールドがうまく作用する場合と、そうでない場合の差は何なのだろうか。

いつもうまくいくのなら誰もフォーカス23に囚われることはないはずだ。

今ガイドに聞いてみると、どうもタイミングの問題があるようだ。絶妙なタイミングでシールドする必要があり、シールドする機会が訪れないこともあるとのことだ。

なので、「気がついたらフォーカス27にいる」というのは稀《まれ》な場合で、これに期待しすぎるのは問題だと言える。

第2章

人は死んでも向こうの世界で生き続ける

肉体を離れると……

本書で次に私がお伝えしたいことは、**人は死後も生き続けるという真実である。死が終わりではないということ**。

これを知っているか、知らないかの差は大きい。

死とは、自分がそれまでまとっていた肉体を脱いで、自由になり、肉体の世界、つまり物質世界から離れていくことである。

肉体を離れた自分は、いわゆる「あの世」と呼ばれる世界へ行き、そこで生き続ける。**自分は永遠不滅の存在なのである**。

あの世については後で詳《くわ》しくお話しするが、この世、つまり物質世界とは異なる世界で、生きている人には普通は見えないし、感じられない。また科学的に測定することができないので、科学的に存在を証明できていない。そういうこともあり、あの世があるということを信じる人は現代では少ないのではないだろうか。

肉体を離れた自分のことを古来、魂《たましい》とか霊《れい》と呼ぶ。

古代の人たちはそれを見たり、感じたりすることができたので、今よりもはるかに確信を持って魂や霊の存在を信じていたに違いない。

本当の自分とは何か？

私の体験では、肉体を離れた自分こそ本当の自分であって、肉体は自分ではない。単なる入れ物である。それが真理なのだが、それを知る人は少ない。

肉体は物質世界を体験するための重しのようなものだ。本当の自分は非物質であり、そのままでは物質世界を体験できない。物質世界を体験するためには肉体という入れ物が必要で、肉体をまとうことで物質世界を体験できる。肉体がなくなれば、自分は非物質世界へと自然に戻っていくのである。

ちょうど昔の人が海の中を探索するために、潜水具を身につけたようなものだ。

潜水具と言っても今の若い人たちはピンと来ないかもしれない。防水素材でできた着ぐるみのことである。これを着ることで海の中を体験できる。

肉体とはちょうど潜水具のようなもの。非物質の自分が物質世界を体験するために着る着ぐるみである。

ところが、ほとんどの人は自分と肉体を同一視していて、自分＝肉体と考える。だから、肉体が消滅する死は、自分の終わりを意味すると考える。

それはまったくもって間違っているのだが、それを証明することは難しい。

衝撃だった最初の体外離脱体験

私が「自分は肉体から独立して存在する」という真理を知ったのは、体外離脱体験を通してである。

私は１９９０年ごろに体外離脱を頻繁に体験した。その体験については経緯を含め２００１年に上梓した拙著『体外離脱体験』（たま出版）に詳しく書いたので、興味のある方はお読みいただければと思う。最初の体験について同書から載せる。

それはある土曜日の朝のことだった。

これから起こることが、その後立て続けに私が体験することの前兆であったとは、その時の私には知るよしもなかった……。

いつもの土曜なら8時から9時頃に起きるのが、何故かその日に限り、7時頃に目が覚めた。

すぐに、何かがいつもと違うことに気がついた。それは、意識ははっきり目覚めているのだが、体は完全に寝ているということだった。というのは、自分の深くて長い寝息が、規則的に聞こえてくるからだ。私は自分の寝息を、全く他人のそれのように聞いていた。体が一つの機械にでもなったかのように自動的に動いている。こういった経験は初めてだった。

今まで、自分の寝息を、一度でいいから聞いてみたいと思っていたが、今、それをしている。これは実に奇妙な経験だ。まったく新しい体験をしていることに、私は少し興奮したが、特に混乱することはなかった。そして暫く様子をみることにした。意識は相変わらず明確で、普段起きている時と全く変わらないと思われた。しかし体の方は、そのまま熟睡状態を維持していた。

次に気がついたことは、体がはっきりと把握できないこと、どこからどこまでが体なのか、どこが境界なのか判然としないのだ。さらに、呼吸に合わせて、脚が上に行ったり下に行ったりしているのだ。ちょうど、プールの端につかまって、脚を伸ばして脱力した時のように、水の動きのままに勝手に動いているあの感じ。本当の肉体の脚が動き回っているのか、何か中身とでも呼ぶべきものなのか判然としない。ただ、体が完全に眠っていることから考えて、肉体のそれではないようだ。

私は今までこういった事を経験したことがなかったので、暫く事の成り行きを見守っていた。体は一向に熟睡状態にあり、覚醒するとは思えない。その代わり、意識の方はいよいよ明らかで冴えていた。一方、脚の方は、その間も勝手に上に下に動き回っていた。脚は腰のところから扇を開くように、上下に振動している。この振動が、波のように全身にまで伝わって来る。それが呼吸と同期しているようでもあった。また脚は上下に振動していると思えることも、ただ扇状に拡がっていると感じられることもあった。ともかく、どこにあるのか、良く把握できないのだ。ただ波のようなうねりが、体全体を走っている。

私は、これは、以前本で読んだことのある、体外離脱の前段階にまちがいないと思った。意識と体の分離が、始まっているに違いなかった。心の中での興奮を抑えて、いろいろ試してみることにした。まず脚を伸ばしてみた。脚はどこまでも伸びて行くように思えた。5メートルから10メートルも伸びたように感じられた。ところが、少し意識すると瞬時に元に戻ってしまった。

次に頭のてっぺんの方から、どんどん先へ背伸びをするように伸びてみた。どのくらいか皆目見当がつかないが、大分伸びた。恐らく4、5メートルも伸びただろうか。ところが、やはりまた瞬時に元へ戻ってしまった。

私の意識は依然、明らかだった。これは夢でもなければ幻覚でもないという確かな自覚があった。これが夢との大きな違いだ。

体は相変わらず茫として把握できない。大きく膨れてしまったようで、波打っているようでもあった。意識するかしないかで、変化するようでもあった。ただ背中のあたりはまだ、ベッドの上にしっかりある感覚がした。

ここで寝返りをうてば体から抜け出せると、以前読んだ本に書いてあったことを思い出した。そこで、寝返りをうってみた。といっても肉体でではなく、中身でである。中身という表現を使ったが、肉体ではなく、肉体から分離した私自身というか、肉体の中に存在している、普段は肉体と一体化していて気がつかないが、実は肉体とは別物の、私自身である。

中身をするっと左回しに回すとうつ伏せになれた。体でうつ伏せになる時のように手を使う必要はなかった。右肩を持ち上げて捻ると回転できた。が、体からは抜け出せなかった。このうつ伏せの状態というのは、まるで巨大なプリンの上にでも乗っているように不安定で、一定の姿勢に留まっているのが難しい。私はうつ伏せの状態で、もっといろいろ試したくなったが、そうこうするうちに呼吸が乱れてきた。そしてつい意識過剰になり、この状態を維持できなくなって、瞬時に体が目覚めてしまった。

私はひとり興奮していた。体からこそ抜け出せなかったが、体とは独立した、私自身、あるいは私の意識とか精神とでも呼ぶべき存在があることを、今はっきりと把握したのだ。

体の中で、するっと回転して、うつ伏せになったのは「私」である。今までずっと、いつも私だと思っていたあの「私」である。それが肉体とは別に体の中で回転したのだ。つまり、肉体の方は私ではなく、単なる容器のようなものなのだ。

これはショッキングな体験だった。私の人生観、世界観、宇宙観はこの体験で一変した。肉体から独立した「私」が存在するのだ。私はこれを信じているのではない、知っているのだ。


ここで「信じている」状態と「知っている」状態について、そこには天と地ほどの違いがあることをお話ししたい。

我々は「太陽があることを信じている」とは言わない。知っていると言う。それは目で見て、肌で熱を感じて、直接体験を通して真実だと知っているからである。信じる必要がないのだ。

逆に言うと、信じているうちは、疑っているのである。真実かどうか今一つ確信が持てない状態なのである。体験を通して真実とわかった場合は、信じる必要はない。「知っている」とはそういう状態である。

私は肉体の中で自分が回転するという体験で、「自分は肉体から独立して存在する」

ということを知ってしまった。

これは35歳のときの体験である。それまでの私は、大学で物理学を専攻したほどで、世の中のすべてのことは物理学で、つまり物質と物質的エネルギー（たとえば電磁エネルギーや重力エネルギー）で説明がつくはずだと信じて疑わなかった。もちろん世の中には未解明のことも多々あるが、それらもいずれは物理学で説明できると考えていた。

そういう考えだったので、この体験は衝撃的だった。

この1回の体験で、世界観は根底から書き換えられてしまった。

物質では説明のつかない現象がある。自分は肉体（物質）ではなく、肉体から独立して存在するのだ。それどころか、肉体は単なる入れ物で、自分ではない。**自分は肉体ではない何か非物質の自分とでも呼べる存在であり、そっちが本物の自分である。**

ということは、肉体が死んでも自分は生き続けることになる。先人たちが魂や霊と呼んでいた何かは確かに存在するのだ。

この最初の体験では肉体から自分が抜け出るという、いわゆる体外離脱と呼ばれる体験はしなかった。

ただ、その後すぐに肉体から自分が抜け出る体験をし、その後頻繁に体外離脱を体験するようになった。また、死んだ人と思《おぼ》しき非物質の存在が自分のところへやって来るのを見たり感じたりするようになった。

それらについては本書の論点から離れるので、『体外離脱体験』をお読みいただければと思う。

第3章

亡くなった家族や知人に会う

私は一連の体外離脱体験を通して、人は死後も生き続けることを知った。ただ、通常の体外離脱では様々な限界があり、死後世界へ自在に行けるわけではなかった。

その後、米国モンロー研究所のセミナーに何度も参加し、そこが開発したヘミシンクという音響技術（第5章107ページ参照）に習熟することで、死後世界へ自在に行くことができるようになった。

ヘミシンクを体系的に学ぶと、死後世界へアクセスできるようになり、そこにいる亡くなった人たちに会えるようになるのである。また死後世界について自分の体験を通して理解するようになる。

亡くなった家族や知人に会った体験例

第1章では、死んでフォーカス27へ行く過程に注目して、お迎えに気づいた人の例を中心にお話しした。

この章では、向こうへ行く過程ではなく、死後どういう状況にいるのかについて、亡くなった家族や知人に実際に会った体験例を元にお話ししたい。

ここで、「会う」という言葉を使ったが、私の場合は、コンタクトする、意識がつながるという表現の方が適切なのである。

その人の姿が見えることもあるが、それよりも相手の声が聞こえる、思いが伝わってくる、会話が成立する、情報が伝わってくるという感じなのだ。

この辺はヘミシンクに習熟した人でも個人差が大きい。相手の姿が見えるという知覚の仕方の人の方が多く、私のように声が聞こえるという知覚の仕方の人は少数だと思う。

ヘミシンクを練習していたFさん

第1章で紹介したFさんに再び登場してもらう。うろ覚えの人のために再度お話しすると、彼はヘミシンク・セミナーにたびたび参加していたが、2023年にガンを患い、2024年5月に亡くなった。彼が亡くなった次の日、その連絡がメールで来て、私はすぐに彼にコンタクトした。

その３週間後に宿泊セミナーを山梨県の小淵沢《こぶちざわ》で開催すると、Ｆさんはその会場に非物質状態でときどきやってきた。そのたびに私の意識に上り、会話が起こった。

このセミナーはミディアムの原レオンさんとの共同開催だったが、レオンさんもＦさんと頻繁にコンタクトし、私とほぼ同じ情報を同じタイミングで受け取っていた。

ここでいう、ミディアムとは霊媒師のことで、亡くなった人とコンタクトし、メッセージを伝える人のことを言う。レオンさんはプロのミディアムとして活躍されていて、弊社で行う彼女のセミナーは常に満席になるほどの人気ぶりだ。個人セッションはかなり先まで予約が一杯で、そういうこともあり、あまりオープンに募集していない。

さて、Ｆさんは生前「アクアヴィジョン・アカデミーのセミナーは素晴らしいので、全財産差し上げてもいいくらいです」と言っていた。そのことを会社の女性スタッフが思い出し、私はＦさんに冗談半分で「どうなんですか？」と問いかけた。

すると、答えをレオンさんが受け取った。

「『小豆ぜんざい、さん』と言ってますよ」

どうやら全財産じゃなくて、「ぜんざい三」杯で勘弁してくれと言ってるようだ。

でもどうやって物質界でぜんざいを我々にくれるのだろうかと不思議に思った。

その数週間後、6月にエクスプロレーション27という5泊6日のモンロー研究所公式セミナーを千葉の一宮で開催した。

その初日、参加者の何人かがお土産をもってきた。その中に「しるこサンド」というのがあった。私はそれを見てピンときた。「しるこ」とは「ぜんざい」のことだ。つまり、これは「ぜんざいサン」ドなのだ。

実は「しるこサンド」をふたりの方がお土産に持ってきていて、ふたりともFさんの知人だった。その中のひとりは、値段が高いけどどうしても「しるこサンド」を買いたくなったそうだ。

それまで15年近く日本でモンロー研のセミナーを開催してきていたが、「しるこサンド」をお土産に持ってきた人は記憶にない。

Fさんはこのふたりの参加者を通して物質界で思いを具現化したわけである。

ちなみにこのエクスプロレーション27というセミナーは、フォーカス27をくまなく探索するのが目的である。Fさんは我々といっしょに探索していたようで、フォーカス27のあちこちで参加者に目撃されていた。

このエピソードを紹介したのは、単に私ひとりがFさんを知覚しただけでなく、レオンさんをはじめ多くの人が知覚したことを伝えたいためである。

さらに、「しるこサンド」のエピソードが興味深いからだ。

興味深い理由は、まず、このエピソードは死後世界が存在することの傍証とならないかということがある。決定的な証拠と言うには、内的な情報交換という証明不可能な要素を含み過ぎている。ただ、偶然と言い切るには、話の一致が面白すぎる。

興味深い2つ目の理由は、亡くなった人が物質世界でいかにしてその思いを具現化するかを示している点である。**生きている人にひらめきや衝動を与えて、その人を通して物質世界で具現化するのである。**

今回のエピソードなら、なぜか知らないけど無性に「しるこサンド」をお土産に買いたくなったのである。亡くなった人は直接花や草に働きかけて動かすこともできる。

その例は後で紹介したい。ただ、今回の例のように、特定の物を買うというようなことは亡くなった人にはできないので、**人を通すのである。**

興味深い3つ目の理由は、ダジャレ。今回はかなり複雑な内容をダジャレで伝えてきた。「全財産」を「ぜんざいサン」ド→「しるこサン」ドにするというのは、なかなかできるものではない。向こうの世界に行ってもダジャレが有効だという点はうれしい限りだ。

86歳で亡くなった父

父は2005年8月に亡くなった。86歳だった。その何年か前に直腸ガンを患い、手術をした。手術は成功して、ガンは切除されたのだが、その後、腸閉そくを起こしては入退院を繰り返した。

病院では昼間は寝て夜中に起きて騒ぐので、まわりに迷惑をかけるということになり、個室に入った。ただ個室はあまりに刺激がなく、次第に認知症が進み、5分前の記憶が定かでなくなった。病院は肉体の病気にしか関心がなく、患者が認知症になろうがおかまいなしという感じだった。

父が亡くなった晩、医師から今後の手配などについて一通り説明を受けた後、ひとり病院内を歩いていると、私のガイドたちがコンタクトしてきた。父をフォーカス27（安寧な世界）へ連れて行ったと告げてきた。

父の死後、私は忙しすぎて向こうの世界で父には会えずにいた。翌年の3月になりやっと機会があった。

2006年3月6日

夜中に目が覚めたときに、父に会おうとしてうまくいかなかった。朝、目覚めると、起き上がる前に、再度チャレンジした。

フォーカス27へ向かう。27へ着いた後、ガイドに父に会いたいと言う。すると、病院で寝ている父の姿が見えてきた。が、うまくコンタクトできない。父はリハビリ中という印象を得た。フォーカス27の「癒しと再生の場」で寝ているようだ。

2006年3月9日

フォーカス27へ。父親の様子を見に行く。病院内へ。父の顔が一瞬見えた気がしたが、すぐに消えた。

部屋に入る。個室ではなく、5人ほどがそれぞれのベッドに寝ている。白いシーツが特に目に付く。ベッドの前に来た。誰かが寝ているが、誰かは把握できない。父のようなので、「お父さん」と呼びかける。「政道ですよ」。まったく動かない。何度も何度も呼びかけるが、まったく反応がない。父親は昏睡状態で眠っているのか、何度呼びかけても目を覚まさなかった。死ぬ前も寝ていることが多かったので、こちらでも寝ているようだ。

2006年4月20日

フォーカス27へ父親の様子を見に行く。病院内へ来た。父は昏睡状態だ。大声で何度も「お父さん」と呼びかけるが、反応がない。さらに呼び続けると、少し反応があった。さらに呼ぶ。目が覚めたようだ。まだ、朦朧としている。さらに呼ぶと、もう少しはっきりとしてきた様子だ。

2006年8月10日

夜中に目を覚ました。それまでに見た夢に父が出てきた。ソニーのどこかの工場でボケ防止に仕事をしているという。何かの単純作業だ。ただ、扱っているものはけっこう危険な感じがする。字を思い出せないというようなことを言っていた。小学校で学ぶ字も思い出せないとのこと。これが本当なら、少なくとも昏睡状態からは脱したようだ。

2006年8月11日

また夢に父が出てきた。明日は命日だからか、ここ2日連続で出てくる。今日の夢の内容は覚えていないが、何かの勉強をしていると言っていたと思う。フランス語だったように思う。さらに進歩したようだ。

2006年11月26日

朝5時、フォーカス27へ行くことにする。学校の内階段のような薄暗い階段を上がっていく。最上階に着き、外へ出ると、そこは屋上だった。

父のことを思い出し、会いたいと思う。

見渡すと、前方10メートルほどのところに、父が立っていた。若い。60歳ぐらいか、髪をきれいに刈って、こざっぱりとした感じだ。顔がやけに白い。

駆け寄り、抱きつく。しっかりした肉感。

会話を交わした。初めから涙があふれて、途中ついに嗚咽《おえつ》した。

「5期生を連れてきたのを見かけたよ」

と父が言う。日本人を対象としたゲートウェイ・ヴォエッジの5期生のことだ。2005年6月より年3回のペースで、モンロー研でゲートウェイ・ヴォエッジというプログラムを日本語で開催している。

「こっちはどう?」と聞くと、

「うまくいってる」

おだやかな感じで、満足感と充実感を感じた。嗚咽したことで、意識が目覚め始め、この会話を維持できなくなった。

私は「もう帰らないと」と言った。そう言うと、父の感覚は次第に薄れていった。

2007年3月8日

フォーカス27に着く。父に会いたいと思う。よくわからない。が、父が現れた感じがした。ハグし合う。

「お父さん、元気ですか」

「あー、元気だよ。お母さんはどうしているかな」

「元気にしてますよ」

そんな感じの短い会話の後、父が話し始めた。

「ここでいろいろ説明を受けたよ。フォーカス35へ行くとすばらしいらしいね。政道たちのお陰で、フォーカス35へ行きやすくなったらしいね。ここでは有名なことだ。政道の父ということで誇らしく思うよ。なんでもエネルギーが入ってくるんだってね」

まわりの様子がだんだん把握できるようになった。ふたりでショッピング・アーケードのようなところを歩きながら話しているのがわかる。けっこうな数の人が歩いている。

「政道の父ということで誇らしい」

と、その後も何度も言われた。

2017年11月14日

午後9時過ぎ、風呂の中。風呂に浸かりながら、フォーカス27に行ってみようと思う。「受け入れの場」の受付の女性スタッフに会うことにする。

すぐに目の前にいる感じがする。話しかける。

「父に会いたいのですが」

「えーと、あなたは坂本政道さんですね。こちらでは有名ですよ」

「坂本英雄さま、坂本英雄さま、こちらまでお越しください」

場内アナウンスのような感じで呼んでいる。

すぐに人がやってきた。まわりの景色が変わった。父の姿がときどき見える。生前の姿だ。

「おー、政道か。おまえはこっちでは有名で、その父ということで誇らしいよ」

「お父さんは忙しそうですね」

「そうなんだ。前にも言ったがガイドの見習いをしばらくやった後、ガイドになり、いろいろな人を導いている。責任重大なんだ。特に今、この大変化の時代、この流れにみなが乗っていけるように導かないといけない」

「おかあさんは元気にしてますよ」

「知ってる。ときどき様子を見てるから。おまえも生まれる前からこの人生を予定してきたんだな。知らなかったよ。すごいやつだな。これまでにもいくつもの人生でいっしょだったな。ネイティブ・アメリカンのときとか」

がっしりとハグし合う。ネイティブ・アメリカンのときによくやっていたことを思い出した。

「それじゃな」

離れていく。

父の場合は亡くなって1年近くフォーカス27の「癒しと再生の場」で眠っていたが、

その後は急速に元気になった。回復にどのくらい時間がかかるかは個人差が大きいようだが、通常はもっと短いと思う。今ではガイドになったというのはちょっと意外だったが、なきにしもあらずだ。

『死後探索』シリーズの著者、ブルース・モーエン

ブルース・モーエンはモンロー研究所でいくつかのヘミシンク・セミナー（ゲートウェイ・ヴォエッジ、ライフライン、エクスプロレーション27）に参加した結果、死後世界を自分で探索できるようになり、かなり詳細にわたって調査した結果をExploring the Afterlife Series（邦訳『死後探索』シリーズ4部作、ハート出版）として出版した。

私は彼の原書に強く感銘を受けたことと、モンロー研で偶然お会いし親しくなったことから、日本語訳を出版することをハート出版に提案した。翻訳費用を私がすべて支払うことで出版にこぎつけることができた（印税は折半）。

ブルースはさらにヘミシンクを使わないで死後世界を探索する方法を編み出し、それを教えるワークショップを開催した。特に日本で精力的にワークショップを開催し、彼の方法（ブルース・モーエン・メソッド）を教えるトレーナーを養成した。

その後、日本で彼がワークショップを開催する際に何度かコラボすることになった。

多くの日本の人たちに多大な影響を与えたブルースだったが、２０１７年11月15日に向こうの世界へと旅立った。その連絡を受けて、私はすぐにフォーカス27へ彼の様子を見に

ブルース・モーエンと共に。

行った。

彼は広いホールの窓際にこちらを向いて立っていて、前には数百名ほどの人だかりができていた。そこは丘の上にあるのか、窓の外には下方に広々とした風景が広がっていた。

彼は私から30メートルほどのところにいて、多くの人と順に話をしている様子だった。私との間には人混みがあって近づくことはできなかった。彼はふと私に気がつくと、遠くから会釈《えしゃく》をしたが、すぐに他の人たちの方へ視線を移していった。

彼とはその後何年もコンタクトしていなかったが、２０２４年6月に開催したエクスプローレーション27のフォーカス21（この世とあの世の境界）へ行くセッションで久しぶりに会った。参加者のひとりが彼のワークショップによく参加していた人で、その後もつながりがあり、コンタクトをとっていたからのようだ。

認知症を患っていた知人のBさん

２０２２年11月、Bさんが亡くなった。３日後の夜、風呂に入っているときに意識を向けるとすぐにつながることができ、会話した。

Bさんは亡くなる数年前から認知症を患っていて、亡くなる直前は家族のこともまったく認知できなくなっていた。

それが非常に明晰で、元気だったころと変わらない感じで会話でき、内心驚いた。

彼によると、認知症になると、この世での認知が減る分、向こうの世界での認知が増すとのこと。亡くなるだいぶ前から向こうでの生活は始まっていて、この世で２割しか認知できないときには、向こうでの認知は８割になる。亡くなった段階で向こうが10割になる。亡くなる前から向こうの世界で活動していたことを、向こうに行って思い出したそうだ。

この情報は、認知症の家族を持つ人にとっては朗報である。向こうでの生活の準備を着々と進めているからこちらの世界での認知度が下がってきている。そう知ると、何かホッとするものがある。

また、認知症になると死に対する恐れを抱かずに向こうの世界へと旅立つことができる。それは、向こうの世界への移行をスムーズにしてくれる。

死の恐れから必要以上に生へ執着し、かえって肉体の痛みを長引かせる結果になる人もいる。

逆に生への執着があるからこそ生死の境を生き延びて、その後何年も元気に生きる人もいる。

必要以上な生へ執着なのかどうか、その見極めは難しい。

夢を見るという現象さえ、科学的な証明は難しい

以上、亡くなった知人や家族と会ったエピソードをいくつか紹介した。最初に挙げたFさん以外は、私の意識の中だけでの体験なので、説得力は弱いかもしれない。

ヘミシンクが素晴らしいのは、それを聴くことで、みなが自ら体験できる点である。

人の話はいくら聞いても説得力が弱いが、自分で体験すると強い説得力を持つのであ

る。

これは死後世界の存在の科学的な証明にはまだほど遠い段階だが、証明への第一歩にはなると思う。

人は夜寝ると夢を見るが、夢を見るという現象が存在することを科学的に証明することは難しい。そう言うと驚くかもしれないが、夢を見るという現象の存在は科学的に証明できていないのである。

脳波を測定したところで、夢を見ているときの脳波はこうだと言うことができても、それは本人が夢を見ていたと証言しているからで、夢を見たということ自体を客観的な現象として証明したわけではない。

ただ、夢を見るという現象があることを誰も疑わないのは、ほぼ全員が夢を見た経験があるからだ。科学的に証明されたからではない。

それと同様に、もし多くの人が死後世界を訪れ、亡くなった知人に会う経験をしたら、死後世界の存在は自明の事実となる。科学的な証明は不要になるだろう。

ヘミシンクはそれを可能とするのである。

第4章

お迎えに気づかない人や自分が死んだことに気づかない人が多い

お迎えが来ても気がつかない

現代人はお迎えの話を信じないか、あるいは、そういう話を聞いたことがないので、お迎えが来ても気がつかないことが多いようである。

生きているときでも、人が何を知覚するか、気づくかというのは、けっこう選択的である。外界のすべてのものを知覚できているわけではない。

死んだらなおさらで、予期していないものは、気づきにくいようだ。

逆に、死んだらお迎えが来るという知識があると、気づくことができる。

あるいは、事故や脳梗塞《のうこうそく》、心臓発作など、死が突然だった場合や、死ぬ前に薬のために朦朧としている場合は、自分が死んだことに気がつかないことがある。

肉体が死んでも「自分」はこれまでどおり存在するし、まわりの様子もこれまでどおり把握できるので、死を自覚することが難しいのである。

そういう場合、意識はこれまでどおり物質世界の方へ向いているので、亡くなった人が迎えに来ても、まったく気がつかないのである。生きている人に幽霊が見えないように、死んでも、意識が物質世界へ固定されていると、亡くなった人は見えづらい。見えたとしても、自分は生きていると思っているので、先に亡くなった家族がせっかく近くにやって来たのに気がついても、幽霊が来たと恐れおののいたり、死の世界へ連れていかれるのではないかと追い返してしまう。

そのため、お迎えといっしょに行くことができず、死後世界の中で迷ってしまうのだ。

あるいは、死後に対して特定の観念を持っていて、死後に悪魔が迎えに来るとか、死神が迎えに来る、エンマ大王がやって来る、と信じていると、せっかくお迎えが来ても、勘違いして追い返してしまう。

死後何が起こるのかについて真実を知ることが、いかに大切かわかるというものである。

それでは、死んだことに気がつかない例を2つ紹介したい。

どちらも後で私がお迎えに行って、安寧な世界（フォーカス27）へ連れていくことができた。初めの例は、私の実の姉である。

72歳で亡くなった姉

2023年9月2日に、すぐ上の姉が72歳で亡くなった。

何回かコンタクトを試みるが、イマイチはっきりしなかった。その後のある夜、寝付く際に姉とコンタクトを試みた。すると、先に亡くなった夫、つまり義理の兄とつながり、兄が話し出した。

「朦朧としていて死んだことに気がついていないんだよ」

そこで、姉に意識を向けてみる。どうも病院内にそのままいるようだ。ナース・ステーションのようなところに立っているのが見える。死んだことに気づいていない。

姉に声をかける。

「いっしょに外へ行こうよ。だいぶ良くなったから歩けるよ」

姉を病院から外へ連れ出した。彼女はまだ朦朧としている。

車を呼び、車に乗せる。

そのままいっしょにフォーカス27へ連れて行く。

フォーカス27に着くと、夫が出迎えたので、姉は一瞬驚いたが、自分が死んだことに初めて気がついた。

6日後の葬儀で、お坊さんが読経をしている際に目をつぶって姉にコンタクトを試みる。姉と会話が始まった。

「私は大丈夫だから心配しないで。唯一お母さんのことが心配。支えてね」

祭壇に向かって右のほうに立っているのが感じられる。

「花を動かせないかな」と思った瞬間に、花の下の葉っぱが何本かゆらゆら動いた。

8日後、午後2時ごろからヘミシンクを聴いてフォーカス27へ行く。姉にコンタクトを試みる。会話が始まる。会話が流れるように進む。

こちらの世界に着いてからのこれまでのことを教えてくれた。

「しばらく癒されたり、人生回顧をしたりした。夫が新婚旅行の際にハワイで借りたコンドミニアムのようなところをこちらに造ったので、しばらくそこにいたが、もっと自然の中がいいので、別のところを造った。夫はしばらくゴルフをやっていたが、もう人間になってゴルフをやることもないのでやめた。こちらにはもっと面白いことがたくさんある。

こちらで何をしようか考えている。人の手助けをすることが好きだから、『癒しと再生の場』で介護士みたいなことをやるかも。

そう言えば、京都のおばあちゃんに会った。父にも会った。父はずいぶん偉くなったみたい。ガイドをやってるようだ。祖父（母の父）には会えない。オーバーソウルに戻ったそうだ」

その後も何度か彼女にコンタクトした。「癒しと再生の場」で働き始めたそうだ。いつも楽しくしていて、こだわりが少なく、ニコニコしている様子が伝わってきた。

姉は私が最初に会いに行ったときには、自分が死んだことに気づいていないようだった。病院内をウロウロしていた。何か変だなと思い始めていたかもしれない。

私はまだ肉体を持っているので、物質世界へ意識の向いている姉は気づきやすかったようだ。それに対して、亡くなった夫は非物質世界の住人なので、姉は気づかなかったようだ。

この差については後でまたお話しするが、重要なポイントなので覚えておいてほしい。亡くなった人の意識が物質世界に向いていると、生きている人のことは知覚できるが、亡くなった人のことは知覚しづらいのである。

2つ目の例は高校の友人である。

高校の同級生のTさん

1年ほど闘病生活を続けていたTさんが昨日亡くなったとメールで連絡が来た。すぐに彼に意識を向けてみたが、はっきりしない。以前知人が亡くなったときは意識を向けるとすぐに会話ができた。それに比べるとまったくコンタクトできない。

夜9時にヘミシンクを聴いてフォーカス27へ様子を見に行った。フォーカス27で「受け入れの場」の中にあるインフォメーション・センターに行く。ホテルのロビーのようなところだ。

スタッフが何人かいるように見えるが、目が合わない。みな忙しそうだ。しょうがないので、「Tさんに会いたいのですが」と大声でお願いすると、情報が来た。

「病院のベッドにいてそのまま寝ている。ただ、夢の中にいるので、コンタクトが難しい」

その後しばらく試みるが、コンタクトできない。交信もできない。

死んだ後、夢を見ていることがある。その場合は、夢の中にどっぷり浸かっているので、外からのコンタクトは難しいのだ。

何日か後の朝5時、Tさんの様子を見に行く。

フォーカス27に着く。インフォメーション・センターへ。そこのスタッフに「Tさんの様子はどうですか」と聞く。

「今度は目が覚めているので、救出できるかもしれませんよ」

救出とはフォーカス23から26にいる人をフォーカス27までお連れすることを言う。

Tさんのガイドと私のガイドといっしょにフォーカス23へ。

Tさんが意識される。目が覚めているようだ。

「おれって死んだんだね。坂本が来たということは」

私の本を読んで知ってるらしい。

「そうだよ。もう歩けるはずだよ」

ただ、まだ慣れていないのか、うまく歩けなさそうだ。ただ痛みはないとのこと。

車を用意する。車に乗ってもらう。後部座席へ。私も隣に座る。フォーカス27へ向かう。しばらくしてフォーカス27に着いた。

「ここからは自分の好きにしていいんだよ。ゴルフが好きだったっけ？　ゴルフでもする？」

反応はわからない。

「こちらで住むための家とか場所が必要だね。ハワイのようなところで自由にできるんだよ」

反応がイマイチだ。彼はちょっとまだ癒しが必要なようだ。

しばらく休みたいとのこと。私は「わかった」と言い、病院のようなところのベッドへ連れていく。

「そうそう、妻に伝えておいてね。それから、ここまで連れてきてくれて、ありがとうね。疲れたのでしばらく休むわ」

「そうか。じゃ、また後でね」

そのままそこを離れる。

このように死んでも自分が死んだことに気づかない場合もある。朦朧としていたり、夢の中にいる場合がそうだ。

そういう場合は、何かのタイミングで少し意識がはっきりしたときを狙って、まわりに待機しているガイドたちが声をかける。うまく気づいてくれたら、フォーカス27へ連れていく。今回私がやったように家族や知人がそばに来れば、ガイドよりも気づかれる可能性が高い。

ひと月後、Tさんに再びコンタクトした。


朝2時すぎ、夢の中、Tさんと話している。髪が黒々としていて、若い。

Tさんが聞いてきた。

「坂本は高校のとき、同級生だったよな。他に誰がいたっけ？」

「H君、M君、N君」と私は答える。

このへんで目が覚める。会話をしていることに気がつく。そのまま会話を続ける。

何日か前に会ったときに、「だいぶ元気になって、こちらで何をしようか考えている」と言ってたのを思い出した。

Tさんが言う。

「妻や家族にコンタクトして、元気にしてることを伝えたいんだ」

「夢の中で伝えたら？」

「それもいいけど、もっと直接伝えたい。物質世界で何かをするとか。たとえば物を動かすとか」

「怖がるんじゃない？」

「そうなんだよ。そこがね。何かいい方法ないかな？　少し考えるわ」


私が目覚める少し前を狙って向こうからコンタクトしてきたようだ。

その2週間後、道を歩きながらTさんに意識を向けるとつながった。


「家族にメッセージを伝えるいい方法を思いついたよ」

「Eメール」のことだとピンと来た。

「昔送ったEメールがなぜか今出てきたという形をとるんだ。そのメールはクリスマスか何かの機会に送ったもので、妻と家族への感謝の気持ちが書かれているんだ。実際には当時そんなメールは送っていないんだけど、こちらではそういうトリックができるんだ」

「なるほど。それは良いアイデアだ。それなら思いを伝えられるね」

次の例は、意識ははっきりしていて、自分が死んだことはわかっているが、混乱している場合である。

高校教師だったKさん

Kさんが亡くなったという連絡が来た。数日後、フォーカス27のインフォメーション・センターでKさんの様子を聞いてみた。

すると、「フォーカス23にいる。混乱してる」という情報が来た。

様子をうかがいに行くと、彼は広い体育館のようなところにいるのがわかる。自分は死んだはずなのに、元気で生きてるので混乱している。今までどおり音楽の指導をしようと生徒を探すが、見つからない。

数週間後、久しぶりにKさんに意識を向ける機会があった。すると、体育館のようなところにまだいるのがわかる。

「Kさ～ん」と呼びかける。

「坂本さんじゃないか」

「Kさんは死んだんですよ」

「そうかな。でも、ちゃんとこの世にいるよ。ほら体育館にいるじゃないか」

「でも、何かおかしくないですか?」

「それもそうだな。何かおかしい。あまり人がいない」

「そうでしょう。もっといいところへ行きましょうよ」

「そうだな」

やっとここから出られるので、ホッとした様子だ。

外へ出る。車を呼ぼうとすると、飛行機がいいと言う。

小型の飛行機が現れた。

「4人乗りの飛行機です。乗ってください」

Kさんは喜び勇んで飛び乗った。私も乗るや否や急上昇していく。青空の中、どんどん上がっていく。Kさんは子供のように喜んでいる。

「わしはこういうのに乗りたかったんだ。わしは死んだんだな。そう言えば、死んだら乗り物に乗っていくと言ってたな」

「誰がですか?」

「坂本さんだよ。前に言ってたじゃない」

前方に未来都市のような印象の街が見えてきた。高層ビルが立ち並び、モノレールのような軌道が見える。

「おー、あの世は素晴らしいのぅ」

さらに草原が見えてきて、そこへ垂直に降下し着陸する。

Kさんは何かを見つけたのか小走りで走っていく。母親が出迎えに来ているのが見える。

「おかあさん」

Kさんは大喜びしている。さらに大勢が出迎えに来ている。その中へ。

「坂本さん、ありがとう」

その後も何度もありがとうと言うのが聞こえてきた。

このように自分が死んだことがわかっていても、物質世界のような世界が見えてくると、混乱してしまう。本物の物質世界だと思ってしまうからだ。ただ、何かが違うのはわかるのだが、どうしていいのかわからない。

死んですぐにお迎えの人が来たはずなのだが、意識がそっちに向いていないと気づきにくいのだ。

そういう場合、私のようにまだ生きている知人が現れると気がつく。

Kさんにさらに2週間後に会い、向こうでの様子を聞いた。


「ここまで連れてきてくれて、ありがとう。坂本さんはここまで来れるんだね。驚いたよ。でも、前に言ってたのを思い出した。Hさんが死んだときに、会ったって」

「そうでしたね。今週末の四十九日の法要でみな集まりますが、何かやりますか？　存在を示すようなことを」

「いやー、みな怖がるからやめとくわ」

「子供のころにおじいさんの葬式か何かのとき、光り輝く大きな雲のようなものが出てきて、顔がおじいさんになってニコッと微笑んだということがあったそうですが、あれと同じようなことをするとか」

「いやいや。怖がらすだけだから」

「そうですか。じゃ、花を動かすぐらいですか？」

「まあそんなとこかな」

「そちらはどうですか？」

「素晴らしいところだね。良い声で、思う存分に歌えるので、満足してる。生きていたときのような制限がない。年齢的なものとか、肉体的なものとか」

「どこで歌ってるんですか？」

「教室のようなところで歌ってる。聞く人は夜寝てここまで来る人たち。ただ、やりがいがイマイチだな。今後どうしたもんか考えている。もう一度人間になって歌を歌うかどうか。こっちはいろいろなことができそうなので、何ができるかしばらく考えるわ」


この男性にさらに3週間後に会い、その後の様子を聞いた。

「こっちに来て、何をしようか考えて、音楽のことを勉強しようと思ったんだよ。

で調べたら、こちらの音楽はもうこの世のものとは思えないほどの美しさ。まあ、この世じゃないけど。ははは。言葉じゃ表現できない。素晴らしいとしか言いようがない。心から癒される。感動する。みなこれを表現したくてがんばってたのかも。でも、この世では無理。坂本さんなら理解できるかもしれない」

「この世では音はひとつの周波数で表せるということは、ひとつの次元の振動。そちらでは、いくつもの次元の振動なんじゃないですか？」

「そうかも」

「そちらでそういう曲を作ることを学んだらどうですか？」

「それはいい考えだ。そうするわ」

第5章

死後世界の体験を可能とするヘミシンク

ここまでモンロー研究所とその開発したヘミシンクについて詳しく説明しないまま来てしまった。ここで改めてご紹介したい。

死の恐れ

私は子供のころから死に対して並々ならぬ恐怖心を抱いていた。小学校の低学年のころだったか、寝るときに「人間死んだらどうなるのだろうか」とか「死なない人はいない、誰もみな死ぬんだ」、「避けられないんだ」と考えていると、真っ暗な中へ落ちていくことがあった。

落ちた先は希望の2文字が消える世界で、絶望しかない世界だった。そこに何十秒か何分かいた後、ふとしたことで、抜け出すことができた。そうすると、何事もなかったかのように元の普通の気持ちに戻るのだった。

こういう体験を子供のころにある程度の頻度で体験していたと思う。ただ、そこへ落ちないように、考えがそちらへ向かわないようにするすべを次第に身につけるようになり、落ちることはなくなった。

さらに、大きくなるにつれ、日常の様々な事柄に意識を向ける必要が出てきて、死について考えることは減っていった。そうは言うものの、死に対する漠然とした恐怖心はどこかに持ち続けていて、いつかは解決したいと思っていた。


大学卒業後ソニーに10年勤めた後、33歳でアメリカに移住し、ベンチャーでエンジニアとして働くようになった。エンジニアとしての仕事も順調になったころから、死後に対する興味が戻ってきて、臨死体験についての本を読み漁《あさ》るようになった。

当時アメリカでは臨死体験本がブームになっていたのか、本屋には臨死体験に関する数多くの本が並んでいた。

そういった本を読むと、臨死体験者の何割かは光の存在に遭遇し、大きな意識の変容を体験することが明らかにされていた。彼らは死に対する恐れがなくなったようだった。

ロバート・モンローの本との出会い

さらに読み進めると、臨死体験をしなくても同様の体験をしている人がいることがわかった。それはロバート・モンローという人で、肉体的に健康な状態にもかかわらず体外離脱を頻繁に体験し、さらに光の存在にも遭遇していた。
早速モンローの本 Journeys Out of the Body（邦訳『ロバート・モンロー「体外への旅」』ハート出版）を読んで、大いに感銘し、自分でも体外離脱を試みるようになった。それが最終的に第2章でお話しした体験へとつながっていった。

ロバート・モンロー

ロバート・モンロー（1915〜1995年）はラジオ番組制作会社の社長をして

いた人で、放送業界で実績のあるビジネスマンである。1940年代から50年代にかけて全米でヒットするようなラジオ番組をいくつも制作していた。

50年代後半になると彼は睡眠学習に興味を持つようになった。寝ている間に語学などを学習するのである。そのためにはまず人を眠らせなければならない。彼は音のスペシャリストだったので、自ら被験者となって様々な音を試すようになった。

それがまったく別の体験、つまり体外離脱を誘発することになる。最初の体外離脱体験は1958年である。

その後、何回もの体外離脱を通して彼の世界観、宇宙観は大きく転換することになった。それは次のことを「知った」からである。彼にとって次のことは信じる必要のない事実である。

■人は肉体を超える存在である。
■人は死後も生き続ける。
■死後世界は存在する。
■死後世界は層状構造をなしている。それらをフォーカス23から27と名付けた。

■人は今回の人生の前に何回も生命体験をしてきている。

■それは地球に限られるものではなく、地球以外の多数の生命系で体験してきている。

■地球での人間体験は中毒性があり、地球に来てから何度も人間を体験してきている。

■地球は学校であり、卒業がある。

■卒業するにはスーパーラブを学び、自ら発することができるようになる必要がある。

■人にはそれぞれにガイドと呼ばれる存在が複数いて、導いている。

■人間体験を含む自分のこれまでの様々な生命体験の総体（トータルセルフ）が存在し、そこへアクセスすることで英知を得ることができる。

ヘミシンクの開発

モンローは自分の知ったことを他の人にも知ってもらいたいと思い、本を出版したが、人は本を読んでも「そんなこともあるかな」程度の反応で、その考え方を根本から変えることはできなかった。

考え方を変えるには、自分と同じ体験をしてもらうしかないことがわかった。

そこで音を使って体外離脱やそれに類する状態へ導こうと試行錯誤をすることになる。そして、多くのボランティアを使った長時間にわたる実験の結果、開発されたのがヘミシンクである。

ヘミシンクの原理

ヘミシンクの原理を理解するには、まず脳波と心身状態の関係から説明する必要がある。

脳波とは大脳の表面に流れる微弱な電流の変化を測定したもので、どれくらい速く変化するか（つまり周波数）によって5つに分けられる。それぞれは心身状態に対応している。

体外離脱に代表される通常とは異なる意識状態（変性意識）は、特にシータ波を中心とする脳波のときに得られるようだということが当時わかっていた。そこで、モンローは、「音を用いて脳波や意識に影響を及ぼせないか？」と考えた。しかし、ここには大きな問題があった。

そういった脳波は10Hz以下という低い周波数で、人の耳で聞こえる範囲内（20Hz位から17000Hz）にはなかった。つまり、そういう音は聞こえないのである。

そこで、開発されたのがヘミシンクである。

ヘミシンクの基本的な原理は、ステレオ・ヘッドフォンを通して両耳に少しだけ異なる周波数の音（人の耳に聞こえる範囲内の音）を聞かせる、というものである。

たとえば、片方の耳に100Hz、もう一方の耳に104Hzの音を聞かせる（どちらも耳に聞こえる音）。すると、左右の耳で生じた信号が脳幹と呼ばれる部位で出会い、その差4Hzで振動する「第3の周波数」が発生し、右脳と左脳に同時に伝えられる。その結果、脳は4Hzの脳波に誘導され、さらに左右両脳が同調して活動する「全脳状態」に導かれる。

この全脳状態は日常的には稀にしか起こらな

脳波	周波数	心身状態
ガンマ波	>30Hz	神秘的状態、超集中
ベータ波	14–30Hz	はっきりと目覚めていている状態、日中の活動
アルファ波	7–14Hz	リラックスしている状態、知覚が開かれている
シータ波	4–7Hz	深いリラックス、浅い眠り、瞑想状態、高い創造性
デルタ波	0.5–4Hz	深い眠り、身体の回復

（ヘルツHzとは、1秒間に変化する回数）

い。瞑想や座禅などを長年訓練してきた者の脳波に見られることがあると言われている。

ヘミシンクの場合には、その状態が一時的な現象として現れるのではなく、ヘミシンクを聴いている間、維持されている。

実際のヘミシンクでは、１つの音のペア（この例では１００Hzと１０４Hz）だけでなく、６つのペアを組み合わせて使うことで、実際の脳波にそっくりな脳波パターンになるようにしている。

この組み合わせによって、覚醒状態から熟睡状態、あるいは通常の意識とは異なる意識状態（変性意識）へと導くことができる。

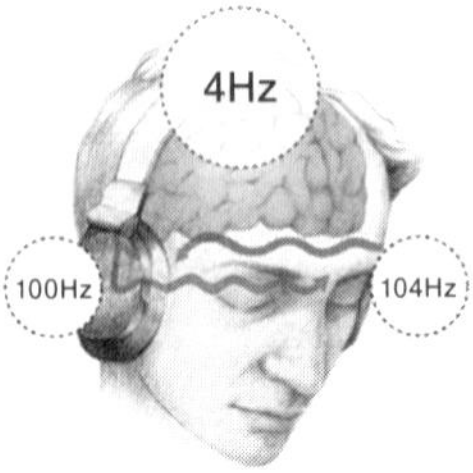

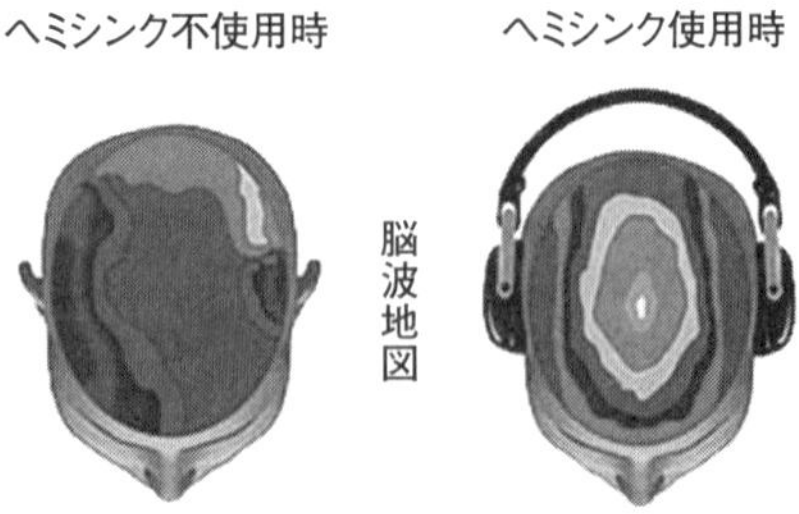

同調していない脳波
（限界のある思考プロセス）

同調している脳波
（全脳の潜在能力が高い）

フォーカス・レベル

通常の意識とは異なる意識状態（変性意識）には様々な状態が存在する。

モンローはその中で有益な状態を特定し、それらにフォーカス・レベルという番号を付けた。

フォーカス10とかフォーカス12といった飛び飛びの番号である。

そして、それぞれのフォーカス・レベルに導くためのヘミシンク音を特定していった。

番号自体には大した意味はないが、基本的に番号が大きくなるにつれて、物質的な世界から離れていく。

代表的なフォーカス・レベルの概要は以下の通りである。

フォーカス1

意識が物質世界にしっかりある状態。覚醒した状態。

フォーカス10

「肉体は眠り、意識は目覚めている状態」。自分のいびきが聞こえたり、手足の位置がよくわからなくなったりする。

フォーカス12

「知覚・意識の拡大した状態」。意識は肉体的・空間的な束縛から自由になり、五感を超える知覚が可能になる。ガイドと呼ばれる意識存在との交信がやりやすくなる。

肉体から離れた場所に来て、そこからの視点で周りが見えるということが起こりえる。

フォーカス15

「無時間の状態」。意識は時間的な束縛から自由になり、過去や未来へ行くことができるようになり、過去世についての情報を得ることができる。

また、この状態は、単に〝存在する〟、〝空〟の状態――瞑想などの究極の境地であるとも言われている。

フォーカス21

「この世とあの世の架け橋」。物質世界と非物質世界の境界。亡くなった人やガイド、非物質存在との出会いが起こる。

ヘミシンクと体外離脱

モンローは自身の体験していた体外離脱を他の人にも体験してもらいたいとの思いから、ヘミシンクを開発したのだが、ヘミシンクを聴いて体験する状態は、体外離脱状態なのだろうか。次に、これについてお話ししたい。

まず一般的に言われている体外離脱は、段階を追うとこうなる。

①自分の全身（肉体ではない）が振動する。
②自分が肉体から抜け出す（抜け出る過程を体験する）。
③肉体から離れた視点から周りを把握する。
④その際、肉体の感覚はまったくない。
⑤肉体とは別の非物質の体があり、それを使う場合と、別の体はなく目（視点）だけの場合とがある。

ここで、①と②がなく、気がついたら③だったという場合も一般的であり、体外離脱体験に含まれる。つまり、一般的な体外離脱に必要十分な要素は③、④、⑤ということができる。

それに対して、ヘミシンクで通常体験する状態は、①と②がなく、気がついたら③。④については、意識を向ければ肉体の感覚はあり、手を動かすことができる。⑤については、非物質の体があることもあるし、視点のみのこともある。

ということで、両者の決定的な違いは④の違いだと言える。一般的な体外離脱では肉体の感覚はまったくないのに対し、ヘミシンクでは肉体の感覚がある（薄いことも濃いこともある）。

そのため、ヘミシンクでの体験をバイロケーションと表現する人もいる。つまり、自分が、どこか別世界へ行ってる自分と、肉体内にいる自分の２つに分かれ、両方を同時に体験しているのだ。

重要な点は、別世界へ行ってる自分が体験している内容であり、それは一般的な体外離脱で体験される内容と変わらないと考えられる。少なくとも、モンローの体験した内容と同じか類似の体験がヘミシンクでできることは確かである。

こういったことからヘミシンクで体験する状態は、厳密な意味では、一般的な体外離脱とは少し異なるが、非物質世界での体験内容自体は変わらないと言うことができる。

さらに、ヘミシンクの優れている点は、確実性だと思う。一般的な体外離脱は起こそうと意図してもめったに起こらないのに対し、ヘミシンクの場合は眠ってしまわない限り、かなりの頻度でその状態へ入ることができる。

また、一般的な体外離脱は、肉体が相当深くリラックスしないと起こらないが、ヘミシンクの場合は、練習すると肉体がちょっとリラックスするだけで、意識を非物質界へ飛ばすことができるようになる。私がやっているのはほとんどの場合、これである。これは慣れてくると、ヘミシンクを使わなくても（ノンヘミという）、できるようになる。

非物質世界での知覚

人は物質世界を知覚するのに五感（視覚、聴覚、味覚、嗅覚、触覚）を使う。ところが、非物質世界では五感は使えない。それらの元になる感覚器官（目、耳、舌、鼻、皮膚）が存在しないからだ。

それでは、どうやって非物質世界を知覚するのかというと、それらに対応する霊視、霊聴、霊味、霊嗅（臭）、霊触（感）を使う。それらに霊知（わかる）という新たな知覚力が加わる。

霊視というのは、目は使わないが見えるという形で情報を得ることを言う。霊聴は、耳は使わないが聞こえるという形で情報を得る。霊味、霊嗅（臭）、霊触（感）もまったく同様である。肉体の感覚器官は使わないが、あたかも肉体の感覚器官を通して得たような形で情報を得る。

それに対して、霊知というのは、わかるという形で情報を得ることを言う。たとえば、トランプを引いて、なぜだかわからないけど、このカードはハートの7だとわかるといった具合だ。

霊視、霊聴、霊味、霊嗅（臭）、霊触（感）、霊知のすべてをフルに使える人はいない。どの知覚が発達しているかは個人差が大きい。

これまで数千人のセミナー参加者を見てきたが、多くの人（8割程度）が霊視タイプで、若干数（2割程度）が霊聴タイプである。霊触（感）タイプが意外に多く、半数弱。これは体が反応するというタイプである。

ただ、驚くべきことは、ほとんどの人が実は霊知に長《た》けているのにそれに気づいていないのである。セミナーに何度も参加することで、実は霊知で情報を得ていたということに気づいていく。

ただ、どうしても見たいという思いが先行してしまい、本当は霊知で情報を得ているのにそれに気づかないことが多い。

私は霊聴、霊知がメインで、霊視はほとんどない。亡くなった人とコンタクトすると、その人がこちらに意識を向けてくれてつながると、まったく何も見えないのにその人の話し声が聞こえ出し、会話が成立する。その人がこちらに気がつかないと会話が成立しない。

フォーカス27にいる人でも、忙しかったり、何かに没頭していたり、様々な理由で意識がつながらないことはある。

その人の姿が見える場合でも、その人と目が合わないとコンタクトはできない。いかにして注意を引くかがポイントになってくる。

第6章

死後世界の構造

死後世界の構造について、ロバート・モンローは数多くの体外離脱体験を通して明らかにした。彼の死後、モンロー研究所のトレーナーたちや多くのセミナー参加者により探索は続けられ、彼の明らかにした構造がより詳細に解明されてきている。

ここでは、死後世界の構造について詳しくお話ししたい。

フォーカス21

この世とあの世の境界領域。境界の象徴として、ここで川を認識する人が多い。また、そこを越えていくことの象徴として、橋を見る人もいる。

ここは死んで向こうの世界へ移行する途中の人が立ち寄ることがある。ただ多くの人はここを瞬時に通過して立ち止まることはないようだ。

逆に亡くなった人が、生きてる人に会うためにここまで来ることもある。生きてる人は寝てるときにここまで来て、亡くなった人に会うことがあるが、覚えていないか、覚えていても夢の中での出来事と認識される。

臨死体験者の報告に、お花畑があったとか、川の向こう岸に死んだ祖母がいて、

「来るな！」と叫んでいたというエピソードがあるが、それはここでの体験の可能性がある。

フォーカス22

肉体はまだ生きているが、意識だけ向こうの世界へ移行してしまった人がいる領域。アルコールやドラッグ中毒の人、昏睡状態の人など。それぞれの人がそれぞれの夢の中にいるような状態。

フォーカス23　囚われの世界

ここからが死後世界で、死んだ人がいる領域になる。フォーカス23は死後世界の中で物質世界へ最も近い領域である。ここは大きく2つの場合に分かれる。

物質世界の中に非物質状態でいる場合

死んで非物質状態になっているのに、自分が死んだことに気づかず、物質世界にそのまま い続ける場合である。物質世界がこれまでどおり見えるので、自分は生きていると錯覚している。

ただ、誰も自分に気づいてくれないことにイライラしたり、物がつかめなかったり、素通りしたりするので、混乱している。意識が朦朧としているので、状況がうまく把握できていないことが多い。

いくつか具体例を挙げる。

■病院で意識が朦朧としている中で死に、死んだことに気づかず、そのまま病院内にいて、病院内を徘徊している人。親しくしていた看護師の背中に乗ったりして注意を引こうとするが、うまくいかない。

■電車の事故で一瞬で死んだのだが、自分が死んだことに気づかず、事故現場にいつまでもボーッといる人。大勢の人が一度に死んだ場合、みなそのまま現場にい続けることがある。意識がはっきりしないので、互いのことを認識し合わない。

■崖から飛び降り自殺をしたはずなのにまだ生きてるので、何度も自殺をし続ける人。

■山で道に迷い遭難し、山の中をいつまでも歩き続ける人。

■死んだ後、住み慣れた家にい続けるが、家が人手に渡り、知らない人が住み始め、怒っている老人。

■南洋の戦場で死んだが、そのままジャングルをあてどなくさまよっている旧日本陸軍の軍人。

■住んでいた家の仏壇の後ろにじっと隠れている5歳ぐらいの女の子。実は100年近く前に亡くなったのだが、そのままずっと隠れていて、霊が見える子孫に目撃された。

古い建物がそのままの形で維持されている場合は、そこにかなり前に亡くなった人が住み続けている場合がある。イギリスには古城や建物が昔のままの形で残っているので、幽霊の目撃談が多いのもうなずける。日本でも鎌倉のように古い地形が残されているところや山林がそのまま手つかずのところは、幽霊が住み続けやすいようだ。

このように、自分が死んだことに気づかないためにその場にい続ける場合がある。その一方で、自分が死んだことに気づいている人もいる。そういう場合は自由に移動できることがわかるので、物質世界内を浮遊することになる。ただし、意識は物質世界に向いたままなので、そこから離れられない。そういう例を挙げる。

■自由に移動できることをいいことに、女性の家に忍び込んでは性的な行為を試みている男性。思春期の敏感な人はこの手の霊的存在に気づくことがある。

■人の家に忍び込み、寝ている人を下から羽交い絞めにしてくる男性。私は高校生のころにこういう男性に何度か羽交い絞めにされたことがある。

■ホテルに住み着いて、幽霊のような怖い顔と姿で現れて、泊まり客を怖がらせて楽しんでいる人。古いじめっとしたホテルには多くいるようだ。こういう存在たちはなぜか湿気や水を好む。

■同様にホテルに住み着いているのだが、温泉に浸かって楽しんでいる人もいる。早朝の温泉で人がいないのにカターンと音がしたりするのは彼らの仕業だ。

山で遭難した人たちに遭遇

自分が死んだことに気がついている人たちについての興味深い体験例を紹介したい。弊社のセミナーは小淵沢の施設を使って開催することが多い。そこは八ヶ岳の山麓に位置している。八ヶ岳は多くの登山者に人気のスポットである。

あるセミナーで参加者がヘミシンクを聴いて体外離脱し、気がつくと建物の外にいた。そして登山服姿の男性から声をかけられた。

「この辺で魂の救済をやっているといううわさを聞いたのですが」

この登山服の男性は自分が死んだことはわかっていた。見ると、その男性の後ろにずらっと登山服の人が列をなしていた。みなうわさを聞きつけてやって来たらしい。

この参加者は救出する方法を学んでいたので、彼らを全員フォーカス27へ上げることができた。

それにしても、一体誰がそんなうわさを流しているのだろうか。遭難した人たちのガイドたちというのがもっとも可能性がある。

物質世界で姿が見られることがある

これまでアクアヴィジョン・アカデミーのセミナーに亡くなった人が参加したことがある。姿が複数の人に目撃されたのである。

当時は神楽坂に弊社のヘミシンク・センターがあった。建物の入り口にインターフォンがあり、それを押すと2階のセミナー会場にいるスタッフが確認してドアを開錠し、中へ通す。入口にはビルの管理事務所があり、管理人が常駐していた。

セミナーのある土曜日の朝、インターフォンがなったので、いつものようにスタッフが確認の上、開錠した。その姿を管理人も目撃している。

ところが、2階のセミナー会場にその男性は現れなかった。そこでスタッフが1階まで行くと、ガラス製の自動ドアの向こうに男性が立ったままでいた。おかしいなと思いつつも、ドアの前まで行くと、ドアが開き、男性は中へ入ってきた。スタッフは2階へ案内しようと前へ向いて歩き始め、少しして振り返ると男性の姿はなかった。間違って別の階に行ったのかと思い、探したが見つからなかった。すぐにその男性の自宅へ電話したが留守で誰も出なかった。

夕方になり、再度電話すると、奥さんが出て、言った。

「主人は3か月前に亡くなりました」

彼が使う予定だったリクライニングチェアの両隣の人たちは、音がするのでてっきり人がいるのかと思ったそうだ。当時はリクライニングチェアのまわりをカーテンで覆い、外から中が見えないようになっていた。

奥さんによると、その男性はセミナーに参加することを待ち望んでいたとのこと。ただ、病に勝てず、願いは叶わなかったそうだ。

彼は自分が亡くなったことを知らずに、セミナーに参加したのだろうか。

ところで、セミナー会場のある建物の入り口のドアは中から開錠しても、前に人が立ってないと開かない。重さを感知して開く仕組みになっているようだ。参加者は前に立っていたが、重さがなかったので、ドアは開かなかったのだろうか。

霊道――亡くなった人が通る道

亡くなった人が頻繁に通る道を霊道と呼ぶ。世の中にそんな道があるのか半信半疑だったが、モンロー研究所で不思議な体験をしたことから、霊道があるということを疑わなくなった。

モンロー研究所のナンシー・ペン・センターと呼ばれるメインの建物は崖の斜面を利用して建てられていて、建物の3階にあたる部分に玄関があり、通常はそこから建物へ出入りする。

私は2001年4月に初めてモンロー研を訪れ、ゲートウェイ・ヴォエッジという入門プログラムを受講した。それ以降、年3回のペースで2004年まで様々なプログラム受講でモンロー研を訪れた。

玄関から入って右にはモンロー研の刊行物が置かれた6畳ほどの部屋があり、その奥にも同じほどの広さの部屋があった。私は最初からこの二つの部屋が暗くて冷たくて何か怖い印象を持っていた。

さて、2007年にスターラインズというプログラムに参加したときのことである。スターラインズは2003年に開発され、私はその第1回から参加し、年1回のペースで参加していた。

スターラインズではフォーカス34／35、42、49という非常に高いレベルを体験する。そういうフォーカス・レベルでシリウスやプレアデス星団、アークトゥルスといった星々を訪れて、そこにいる地球外生命体に会ったり、さらに銀河系を離れて、他の銀河を訪問し、そこにいる生命体たちに会ったりする。そうすることで、自分をより大きな存在として認識する。

高いフォーカス・レベルを体験すると、高次の生命エネルギーを体内に取り込むことが自然に行われる。そのため最終日にはエネルギーで満たされてしまい、夜眠れなくなることがよくあった。

２００７年に参加したときもそうで、結局朝4時ごろまで眠れず、部屋から出て、例の玄関右脇の小部屋のソファに横になった。


薄暗い中で横になり目をつぶっていると、自分のひざの辺りから上向きに何か白っぽいものがある。もしこれがフォーカス35とか42などで見えていたら、明らかに何かの存在がいると判断するだろう。

ということは、これはやはり何か存在なのか。白い線でアウトラインとその他の部分が見えている。幽霊だ。若い男だ。何か白い裏地のジャケットを着ているように見える。顔は暗くて見えない。

「こんにちは。あなたはだれですか」

幽霊も普通の人間だからまったく怖くない。その男は立ち上がり、私から離れていった。今までいたひざの辺りにはもう何も見えず、左手の方にその姿があるので、やはりこれは明らかに幽霊だ。

「ここから出ていきなさい」

そう言うと、その男は消え去った。

ほっとする間もなく、次の存在が現れた。恰幅《かっぷく》のいい老人だ。よく見るとふたりの孫か4、5歳の子供が両側にいて、手をつないでいる。

「ここから立ち去ってください」

そう言うと、左手の方へ消え去った。

すぐに、別の大男が現れた。ここではっと思い出した。救出活動のことを。追い出すのではない、救出しなければならなかったのに、すっかり忘れていた。

「あちらに光が見えますよ。そこは天国への入り口ですよ」

そう言うと、男は振り返り、何かを認めたのか、そちらへ向かって移動していった。そして視界から消え去った。

すると、今度は日本人の女性が4名ほど現れた。みなスキーウェアのような服を着ている。何か日本語で話をしている。

「あちらに光がありますよ」

と言うと、みなそちらのほうに注意を引かれた。ただすぐに移動するわけではない。ゆっくりとそちらのほうへ進んでいく。姿は徐々に小さくなって、左手上空へ消えた。

どうやらこの部屋は、霊界の通り道なのだろうか。きりがないので、ここで目を開け、やめることにした。


モンロー研究所ではライフラインという死後世界を探索するプログラムを初めとして、高い意識レベルを探索するプログラムが常時開催されている。

その結果、そこには物質世界から非物質世界の高い周波数へと結ぶエネルギーの道ができている可能性が高い。

亡くなった人はそこに自然に引き寄せられてくるのかもしれない。ちょうど上昇気流のあるところへ、まわりから空気が吸い寄せられてくるようなものだ。

小淵沢の施設の外で遭難者が列を作っていたというのも、これと同じ現象なのだろうか。

物質世界に隣接する非物質世界にいる場合

同じフォーカス23ではあるが、先に挙げた場合とは異なる場合がある。それは、先に挙げた場合は物質世界にそのままいるのに対し、物質世界から離れている場合である。物質世界から離れてはいるが、まだごく近傍にいる。

非物質世界は思いが具現化しやすいので、自分の思いがひとつの世界を作り出し、その中にひとりでいる。死んだことには気づいていない場合が多い。この例を紹介したい。

■病院で死に、現実の病院から離れたが、自分の思いで病室とベッドを作り出して、その上に寝ている人。ただ、いつまでもひとりでいて、なぜ看護師や医師が来ないのか理解できないでいる。

■雪崩《なだれ》に巻き込まれて死んだ人。雪自体は解けて消えているが、雪の下に生き埋めになっているという思いが雪を作り出し、その下で救助されるのを待っている。

■浅瀬に沈没した軍艦の中に閉じ込められて死んだ旧日本海軍の軍人。軍艦自体は引き揚げられたが、閉じ込められているという思いが船室を作り出し、その中で救助を待つ。

■野球場で野球をし続ける米国人野球選手。服装からかなり初期のころだとわかる。

■道に迷い、親が迎えに来るのを待ち続ける少年。

■小さなアパートの1室で、健康に良いと野菜を食べ続ける太った女性。

■美白が大好きで、真っ白な調度品の置かれた真っ白い部屋にい続ける真っ白い女性。

非物質状態の彼らにとって時間の定義はあいまいで、100年前に死んだのに、つい昨晩死んだかのようにも、かなり前に死んだかにも感じられる。

フォーカス23のこの領域に行くと、真っ暗な中に淡い雲状のものがいくつもあり、そのひとつに入ると、中にひとつの世界が広がっている。それぞれは、各人の思いが生み出した世界なのだ。

フォーカス24～26（信念体系領域）

人は死後、その人が深く信じていることや興味を持っていることが意識の前面に出てきやすくなるようだ。そういう場合、自分の信念や興味などに対応した世界へ引き寄せられていく。

死後世界では、「類は友を呼ぶ」原理が働き、同じような信念、価値観、興味を持つ人たちは互いに引き寄せ合い集団を作るようになる。さらに、「想像は創造」の原理（思いが具現化される）によって、その集団の共通の思いに応じた世界が生み出される。

その結果、同じ信念、価値観、興味を持つ人たちが集まって生み出した世界が、信念、価値観に応じた数だけ、無数に存在することになる。

それぞれの集団の人の数は数十人のものもあれば、数万人規模のものまである。

フォーカス24から26までの番号の違いは、同じ信念でもどれだけ深く信じているかの違いである。24の方が26よりも深く信じている。

それぞれの世界に住む人たちにとって、そこは物質世界と変わらない現実世界である。

以下、どういった世界があるのか概観したい。

宗教に関連する世界

圧倒的に多いのが、宗教に関連した世界である。星の数ほどある様々な宗教、あるいは宗派を信じる人々が死後に集まってできた世界がそれこそ五万と存在する。

たとえば、キリスト教のある一派の人たちが集まっている世界。そこには荘厳な教会が建ち、教徒の住む住宅地が広がる。教会では厳粛な儀式が執り行われている。この一派の歴史上著名な司教が説法を行っている。ここは天国の一歩手前の世界だと説く。

仏教の僧侶が集まり、修行に明け暮れている世界もある。滝行や座禅、読経を繰り返している。

どの宗教か特定できないが、何かの修行や儀式をする集団は目につく。たとえばフラダンスを踊る古代の人の集団。フラダンスは神に捧げる儀式である。

欲に関連する世界

人間の欲には5つあると言われる。食欲、睡眠欲、色欲、財欲、名誉欲である。これらを追い求める人たちの集団も数限りない。

たとえば、高貴な装束をまとったラマの高僧が何人もいて、ありあまるほどの食べ物を片っ端から食べ続けている世界。食べ物は口にうまく入らずにボロボロと口から下へと落ちていく。生きている間に禁欲生活をしていて、思いっきり食べられなかったので、死後好き勝手に食べようと思っているようだ。ただし、欲が満たされることはない。

色を追い求める男女が集まって求め合っている世界というのもある。これもけっして満足はいかないので、永遠に求め続ける。

互いに物を盗み合う世界もある。だまし合う世界、殺し合う世界もある。罵倒し合う世界、論破し合う世界もある。

殺し合う世界には、武士の集団が戦いを繰り返す世界もある。私がヘミシンクを聴きはじめたころにフォーカス25で頻繁に目撃したのが、草原で戦う騎馬武者の集団である。鎧兜に身を包み、馬に乗った2つの軍団がぶつかり合って戦っている。

この武士の集団が住む巨大な城と城下町もある。城下町全体がそこの住人を含めてひとつの世界を成している。ここには武士だけでなく、城で働く女たちや城下町で働く人々までいる。

趣味、嗜好、習慣に関連する世界

生け花をいける人たちが集まって、先生の下で学んでいる集団。クルーザーに乗り、大きな魚を捕ることに夢中になっている集団。大きな魚を捕ったことを互いに自慢し合う。

これらに類するが何らかの趣味をいっしょに行う集団も多い。おそらく世界中のすべての趣味に対応した集団があるに違いない。一見、楽しそうに見えるが、狭い世界にいるので自由度は少ない。

楽しそうには見えないが、この世での行動パターンをそのまま踏襲している集団もいる。受験勉強に明け暮れる受験生の集団。ジャングルで行軍を続ける日本兵の集団。

こういった分類には収まらない、何らかの価値を共有する人々の作り出す世界も数限りなくあるに違いない。前に行ったことがあるのだが、その世界はすべてが緑色に塗られていた。緑色を信じる集団なのだろうか。

こういう信念体系に一度入ると出るのはなかなか難しいようだ。全員が同じことを信じていて、他の情報に接する機会が極端に少ないのだ。ただ、何らかの理由で疑いを抱くようになると、そこから離れることになる。

フォーカス27

モンローはフォーカス27を中継点（ザ・ウェイ・ステーション）と呼んだ。直訳すれば、「道の駅」という意味である。

ここは光と喜びにあふれた世界で、癒しと慈悲のエネルギーが満ちた世界である。

人はここまで来ると、しばらく休息をとった後、次の生へ進むための準備をする。

次の生の選択肢はいくつもある。代表的なところでは、

■地球で人間として生まれる。
■フォーカス27でヘルパーとして働く。
■地球を離れ他の生命系へ行き、そこで生命体験をする。
■トータルセルフ（後述）へ帰還する。

人間を再び体験するというのは、ひとつの選択肢に過ぎない。ただ、多くの人は人間体験を選択するようだ。人間体験は中毒性があるので、何度も体験したくなるらしい。

フォーカス27には、次の生への移行をスムーズにできるよう手助けする機能が備わっている。死んだ人は次に挙げる場（センター）と呼ばれる領域を順に体験した後、次の生へと向かう。

【受け入れの場】、【癒しと再生の場】、【教育の場】、【計画の場】

モンロー研究所のエクスプロレーション27（略称X27）という5泊6日の宿泊セミナーに参加すると、それぞれの場を順に訪問し、それぞれがどういう機能を持っているのか詳細情報を得る機会がある。そうした情報やモンローのもたらした情報を基にそれぞれの場についてわかってきたことをお話ししたい。

受け入れの場

人は死んだ後、お迎えの人に気づき、彼らに連れられて、まっすぐにフォーカス27に来る場合と、お迎えには気づかなかったが自力でフォーカス27へ来る場合、お迎えの人に気づかず、途中のフォーカス・レベルにしばらくいてからここへ来る場合とがある。

いずれにせよ、フォーカス27に到着する際にまず「受け入れの場」に着き、そこで出迎えの人たちに会う。

この段階で多くの人は「ここはどこなのか」という一抹の不安を抱いている。そういう不安をできるだけ軽減し安心できるように、「受け入れの場」はその人の期待に沿うような場所や、なじみのある場所になっていることが多い。

ここまで人はエスカレーターやエレベーター、動く歩道、車や電車、バス、救急車、飛行機、ヘリコプター、船といった何らかの移動手段でやってくる場合も多い。「受け入れの場」はそれに対応した形になっている。

具体的に言うと、

■天国の入り口のようなきらびやかな建物
■ホテルのロビーや受付
■温泉街にある旅館の入り口
■空港の到着ゲート
■駅の改札口
■病院の玄関や待合室
■波止場
■広々とした草原
■野戦病院

この「受け入れの場」の一角にはモンローが公園と呼んだ場所がある。そこには木々が生え、曲がりくねった小道があり、池や噴水、ベンチがある。青空が広がり、白い雲が浮かぶ。

公園以外にもレストランやカフェ、テニス場、ジム、温泉などいくつもの施設があり、ここまで来た死者が安心できるように作られている。

死者は出迎えに来た人といっしょに公園などの施設に行き、ここがどういうところなのか、天国でもなければ地獄でもないこと、次の生へ進むための休息と準備をするための場であること、これから先に何をするのかといったことを徐々に教えてもらう。それが済むと、「受け入れの場」から次の場へと進んでいく。

エクスプロレーション27に参加すると、「受け入れの場」を訪れ、亡くなった人がどのように受け入れられるのかを観察する機会がある。その一例を紹介したい。

2021年7月3日

「受け入れの場」へ着いた。しばらく様子を見る。

空港の到着ゲートなのか、10メートルほどの長さの下りのエスカレーターを大勢の人が次から次へと降りてくる。

そのまま出迎えの人とハグしている人もいる。ともかく大勢だ。数百人。

ナレーションに従い、その中のひとりの後を追うことにする。

その前に出迎えの人の許可をもらう。

遠くから見守る。到着した女性と出迎えの女性は、娘と母親のようだ。ふたりとも白人だ。

女性は自分が死んだことはわかっている。

「でもこんなところへ来るとは思ってもみなかったわ」

と言っている。

いっしょにタクシーでちょっと移動し、ホテルへ。


「ホテルで休んでもいいし、お茶にしてもいいのよ」

そう母が言う。

ロビーでふたりはお茶を飲むことにした。生前好きだった種類のお茶。

広いロビーはレストランのような感じになっていて、大勢の人が座って歓談している。あちこちに花があるような印象だ。

「これから、しばらく休息するのよ。人生でいろいろあったので、ともかく休みましょう。ちょっと思い返すこともします。その後、次の生について計画を立てます。でもそれは少し先のこと。今は休息します」

ここは空気が柔らかで癒しにあふれている。

女性の声は、アニメ映画『魔女の宅急便』に出てくる上品なおばあさんの声だ。彼女たちは私のことに気づいていて、「日本から来たの?」と聞いてきた。一瞬戸惑ったが、

「はい、そうです。ここでバイトをしています」

と言ってごまかした。

ナレーションがこの場から立ち去るように言っている。ここで消えるとまずいので、「それではそろそろ失礼します」と言って、後ろ向きに退き、視界から外れたところで、その場を離れた。

インフォメーション・センター

「受け入れの場」の一角に「インフォメーション・センター」と呼んでいいところがある。ここに立ち寄り、そこのスタッフに尋ねると、亡くなった人に関する情報を得ることができる。見た目はホテルのフロントのようだ。数名のスタッフが常駐している。

以前、父に会うためにここを訪れると、場内アナウンスのような形で父の名前が呼び出され、しばらくすると父がやって来た。

実際に場内アナウンスがあったのかどうかはわからないが、私にはそういうふうに聞こえた。フォーカス27にいる人たち全員にメッセージが伝わるというよりは、本人にピンポイントでメッセージが伝えられると考えた方が適切だろう。

人生回顧

亡くなった人はフォーカス27に着いた後、どこかの段階で、これまでの人生を回顧する機会がある。それを人生回顧と呼ぶ。それがどの段階でなされるのかについては十分な情報が得られていない。以下に紹介する私の姉の場合は、受け入れの場に着いた後、しばらく休息をとってから人生回顧を体験したとのことだ。

２０２４年８月14日、朝５時、姉にコンタクトする。

「久しぶり。そちらではどう?」

「あら、突然びっくりするじゃない。お母さんの面倒を見てくれて、ありがとね」

「あっそうだ。そちらからだと、生きてる人の人生の今後がどうなるのか見えるの?」

「そうね。タイムラインというか、今後どうなるのかいくつかの線が見える。このまま行くとこうなるなとかわかる」

「へーそうなんだ」

「でも、生きている人には言っちゃいけないことになっているの」

「やはりそうか。ところで死んだ後、人生回顧したの？」

「うん。受け入れの場に着いた後、しばらく休息をとった後にしたわ。すごくゆったりした空間で、あなたがガイドと呼ぶ人といっしょに」

「ガイドは誰なの？」

「京都のおばあちゃんはガイドじゃないけどいっしょにいて、ガイドはキリスト教のシスター。過去世の自分なんだ」

「なるほど」

「今回の人生を見るんだけど、それが面白いのよ。一瞬ですべてを見る感覚もあるし、詳細をゆっくり見ることもできる。時間はこっちでは止めたり、ゆっくりにしたり、好きにできる。それから、瞬間瞬間の自分のまわりの人たちの思いもわかるのよ。どう感じているかが」

「そうなんだ」

自由に造れる活動拠点

フォーカス27まで到達した人は「受け入れの場」の中に自分のための場所を自由に造ることができる。そこを今後のフォーカス27での活動の拠点とする。

自由に造っていいのだが、自分がこれまで理想としてきたような、一度は住んでみたかったような建物を造る人が多い。空間的な制約はまったくないので、巨大な施設を造ってもかまわない。

たとえば、高原の別荘（建物だけでなく、そのまわりの森や山々も）、南国のビーチとリゾート施設、温泉つきの家、高層マンションの一室（眼下にフォーカス27が一望できる）、海を見下ろす崖の中腹にある建物、ディズニーランドにあるようなヨーロッパのお城、小さな茶室だけの和風建築と竹林、自由に移動できるUFOなど。建物の中にガイドに会うための部屋とか、必要な情報を得るための装置（パソコンなど)、ヒーリングのための設備を設ける人も多い。また、歴代のペットといっしょに住む人もいる。

夫婦で仲良く住んでいる人もいれば、別々の生活を楽しむ人もいる。

癒しと再生の場

ここは広大な「受け入れの場」の一部と考えてもいい。死者は死ぬ過程で肉体的、精神的、感情的な傷を負っていることが多い。死後は肉体がなくなるのだが、肉体的な傷をそのまま引きずっていることもある。

たとえば、火事で大やけどをして死んだ人で、全身に包帯を巻いたままの状態でここまで来る人もいる。ここでは包帯もけがもないのだが、あるはずという思い込みがそれを具現化しているのだ。

そういう人にとって「癒しと再生の場」は病院となる。そのため本物そっくりの病院があり、医師、看護師がいて、治療をしてくれる。本来、瞬間的に治るのだが、本人の思い込みのために時間をかけて治っていく。

このようにケガや病気で亡くなった人の多くは病院に入院して治療を受けるようだ。精神的、感情的な問題があった人の場合には、それを癒すためのプロセスがなされる。個人の趣味や希望に合わせて、様々な癒しの施設が用意されている。


モンロー研のエクスプロレーション27の参加者が体験した施設を挙げると、温泉やサウナ、若返りの泉や渓流、マッサージ室、エクササイズ室、さらには、森林浴のための森林、スキー場、プール、ゴルフコースにテニス場といった具合である。

癒しのための超ハイテク装置も完備されている。地上にはまだないタイプのものだ。寝たままチューブ状の装置に入り、まわりから何かのエネルギー光線を浴びて癒された人もいた。全身がバラバラにされて部位ごとに洗浄され、すっきりした人もいる。癒しのエネルギーに満ちた球状の空間に浮かんで全身を癒された人もいる。

癒しと再生の場で働いている姉の話

亡くなった姉は「癒しと再生の場」で働いているとのことなので、その様子を聞いてみた。

2024年8月15日、夜中に目が覚めたときに、姉に意識を向け、「癒しと再生の場」の様子を聞いた。

「『癒しと再生の場』まで来た人でも、病気で死んだり、事故で大ケガをして死んだ人の場合、病気やケガの状態をそのままこちらでも再現している人が多いのよ」

「そちらでは肉体はないんだから、病気もケガもないはずだよね」

「そうなんだけど、自分は病気やケガをしているんだと思い込んでいるから、こちらの体、つまりエネルギーの体がそれをそのまま再現しちゃっているの。なので、その思い込みを少しずつ外していくことを『癒しと再生の場』ではやっているのよ」

「なるほど」

「本当は、思い込みは一瞬でなくなるもの。たとえば、『あっ、ここはあの世なんだ。だったら肉体はないんだから、ケガもないはず』と気づけば、ケガは消え去るはずなの」

「そうだね」

「でも、みながみなそういうふうに気づいてくれないので、一人ひとり効果的な方法を見極めて、それを使うことにしているの。だからけっこう病院で治療を受けるという形をとる人が多いのよ。そのために医者や看護師に扮したヘルパーがここで働いている。生きていたときに医者や看護師だった人たちが、こちらでもそのままその仕事をやってるケースが多いのよね」

「そうだったんだ。まあ文字どおり天職、天での職業ということだね」

「ははは、そういうことね。思い込みが体に再現されるというのは、なにもこちらだけの話じゃなくて、そちら、つまりこの世でもそうなのよ」

「そうなの?」

「老化なんてその最たるものね。人は年と共に老化するとみな信じているから、実際そういう体を具体化している。政道君はその思い込みが少ないほうね。だから少し若くいられる」

「そうなんだ。自分じゃ思い込みが多いか少ないかはわからないけど」

「老け具合を見ればわかるわ。化粧品も高い化粧品の方が効果が大きいとみな信じているから、実際、高い化粧品は効果が出るのよ」

「そうなんだ」

「信じる力は大きな効果を生むの。だから、老化についての信念を変えれば、老化の程度を変えることができるのよ」

「なるほど」

癒しと再生の場における癒しの例

エクスプロレーション27では「癒しと再生の場」を訪れ、どのように癒しと再生が行われるのかを観察する機会がある。その一例を紹介したい。

自殺した女性Sさんの癒しの過程を観察した。彼女は精神的な病に侵された末の自殺だった。子供時代に両親から十分に愛情を受けなかったことが、この病の根本原因にあるように思われた。いわゆるアダルトチルドレンである。

「Sさんはこれから両親にふんしたヘルパーと共に、幼児期からやり直します。十分に得られなかった愛情を、いっぱい体験します」

白っぽい温かなドーム状の空間にSさんと両親役のヘルパーが見える。Sさんは赤ちゃんになっていて母親に抱かれている。ここでしばらく愛情を体験していくらしい。そして心の傷を時間をかけて癒していくのだ。

教育の場

ここでは様々な教育の機会を得ることができる。次の生で役立つような技能を身につけたり、情報を得たりできる。生きている人も寝ている間にここに来て学習しているようだ。

教室のようなところで先生から講義を受けるという座学形式の場合もあれば、実地に学ぶという場合もある。たとえば、スキーを実際に滑って滑り方を学んだり、テニスのサーブのやり方を学んだりできる。スポーツだけでなく、楽器の演奏や各種の技能を学ぶこともできるようだ。

現実世界での実際の状況をリアルに体験する模擬演習を受けることもある。

その場合、気がつくとある状況にいて判断を迫られるのだ。そこで思わしくない選択をすると、また振り出しへ戻れという感じで、気がつくと初めと同じ状況にいて、また判断を迫られる。正しい選択をするまで、これがずっと繰り返されるのだ。

たとえば、交通事故の現場にいて、気を失った人へのとっさの対応を求められる。適切な救命処置を行うまで、これが繰り返されるといった具合だ。

ユーモア・センター

「教育の場」の一角にあるのかどこにあるのか定かでないが、ユーモア・センターと呼ばれるところがある。ここには笑いの神様と呼ばれるような専任スタッフが常駐していて、ジョークやダジャレ、笑いのアイデアを生み出しては地上へ下ろすということをやっている。お笑い芸人はここにつながることができれば、素晴らしいネタがもらえるのだ。

セミナー参加者がここを訪れたら、所長はチャップリンだったそうだ。

計画の場

ここは個々人や人類全体、地球全体について、これから先に起こる事柄を設定する場である。

まず、個々人について。人は生まれてくる前にここに来て、ガイドやカウンセラーと相談しながら、次の生について計画を立てる。

前にもお話ししたが、次の生の選択肢は地球で人間として生まれるという以外にもいくつもある。ただ、多くの人は人間体験を選択するようだ。

人として生まれることを選択すると、そのための準備をする。

まず項目別にこれまでの成長の度合いをチェックし、成長が必要とされている項目が何かを割り出す。たとえば、愛情を感じたり、表現したりするところでの成長が不十分と言われたりする。あるいは、忍耐をもっと学んだ方がいいと言われる。実はこの両方とも私が今回生まれる前に言われたことだ。

次に、その部分での成長を促すような人生を計画する。それを可能とするように性別、両親、家族構成、身体的特徴、能力などを設定する。また、重要な出会いや出来事も設定する。ただ、詳細については設定しない。それは生まれてからの各自の選択に任される。

たとえば、結婚する可能性のある相手との出会いは設定することが多いが、実際に結婚するかどうかは、実際に生きてみて、その時点で各自が判断する。

生まれた後も、人は「計画の場」へ来ることで、自分の将来についての設定をガイドと相談して変更していくことができる。それを意図的にやっている人もいるが、ほとんどの人は夜寝ている際に、やっているようだ。

「計画の場」は個々人の将来だけでなく、**人類全体についての将来も計画する。**

人類の集合意識を代表する意識存在たちは、集合意識としての成長を促すように大きな計画を立て、事象を設定する。

たとえば、震災が起きることが人類の成長を促すと考えられる場合は、その規模、起きる場所、時を設定する。これは地球の集合意識とも相談の上で行う。

「計画の場」は地球全体についても計画する。地球の集合意識を代表する意識存在たちは、地球全体としての成長を促すように大きな計画を立て、事象を設定する。これは太陽、月、他の惑星とも相談の上で行う。

宇宙のデータバンク、資料館

フォーカス27の「計画の場」の一角に巨大な資料館がある。見る人によって見え方は異なるが、内部は上方へ遥かかなたまで伸び、その壁一面に本（データ）が並んでいて、色とりどりの背表紙が見える。

そこに常駐するヘルパーに案内してもらって必要なデータのところまで行くと、そのデータをダウンロードできる。それが自分の過去世情報の場合は、モニターのスクリーンに映し出したり、あるいは、自分で追体験したりできる。

この資料館がいわゆる**アカシック・レコード**なのか、それとも、アカシック・レコードへのアクセスができる端末なのかはわからない。

少なくとも言えることは、そこには各自のこれまでのすべての情報が蓄えられているということである。それはすべての過去世と現世の情報である。

それはまた真実の歴史が記録されているということでもある。たとえば、歴史上謎とされている出来事の真実を知りたければ、ここにアクセスすればいい。ケネディ暗殺の真犯人は誰かとか。ただし、情報によっては許可が下りないものもある。

私は日本の古代史についての本を以前1年半の間に3冊書いたことがあるが、その際、ここに頻繁に来ていたようである。後で、ここを訪れた際に、ヘルパーにそう言われた。自分では意識していなかったのだが。

また、ここにはこれまでに作られたあらゆる書物や芸術作品、造形物に関する情報も蓄えられている。

さらに、宇宙の真理、科学的な真理といったものも蓄えられている。たとえば、フリーエネルギーの原理といった、いまだに解明されていない事柄もここにアクセスできれば知ることができる。ただし、そういった真理は高い振動数の領域に保管されているので、我々の振動数がそれに一致するほど高くならないと、アクセスできない。

新しい生へ送り出す場

「計画の場」の一角にあるのかどうか定かではないが、次の人生へと送り出すための場がある。送り出す前に、フォーカス27での体験や過去世の体験に簡単にはアクセスできないようにする必要がある。そういう記憶があると、新しい人生を新鮮な気持ちを持って生きることが難しくなる。チャレンジ精神が薄れてしまう。

それは記憶を消去するのではない。記憶にアクセスできないようにするのだ。そうするには、広がった知覚を狭める必要がある。

まれに知覚が広がったままで生まれる人もいる。こういう人は何らかの使命を持って生まれてくることが多い。

人間以外のための領域

フォーカス27は以上見てきたように人間のために造られた領域だけでも広大だが、人間以外の生命体のための領域もある。他の星の生命体のための領域もある。人類が他の星へ転生する場合はそこを経由するようだ。

テレパシーによる交信

人はフォーカス27に来て、しばらく休息してから、テレパシーによる交信を学ぶようだ。というのは、ここには様々な時代、地域、国での人生を終えた人がいる。ここで働くヘルパーたちも国際色豊かで、中には人間をやったことがない生命体もいるようだ。そういう人たちとも交流する必要がある。

交流を円滑にするため、こちらでの意思の疎通は言語を使わない、非言語交信が基本になる。テレパシーともいう。

私も向こうの世界に行くと、様々な時代、国の人と交信する。テレパシーを使っている意識はないが、向こうの言わんとすることが伝わってくるので、使っているに違いない。言われたことを瞬時に日本語に翻訳している感じだ。

ただ本物のテレパシーは日本語に翻訳するということすらしないはずだ。非言語で受け取り、非言語で理解する。

フォーカス27へ来た人がテレパシーをどのくらいの期間で習得するのか、あるいはしないのか、興味あるところだ。ちなみに、これまで何度も登場したFさんは、死後4か月経った段階では、まだ日本語での会話しかできないようだった。

亡くなった人は物を動かせるか

前に紹介したように、高校同級生のMさんと私の姉は、法事や葬儀の会場で花や草を動かした。これはたまたま風で揺れたのを私がそう勘違いしただけなのか、それとも意図的に動かしたのか。そもそも会場で風が吹くということはないと思われるので、これは後者の可能性が高いと思う。

アクアヴィジョン・アカデミーでは、原レオンさんからミディアムシップを学ぶ1日セミナーを、定期的に開催している。

ある回で、彼女の亡くなった友人を会場に呼んでメッセージを受け取るということをやったことがある。

呼んでしばらくしたとき、私の机の右端がバシッと鳴った。ちょうど誰かが箸で叩いたような音だった。そこには音が鳴るようなものは何もなかった。亡くなった友人がやって来たことを音で伝えてきた可能性が高いと思う。

このように亡くなった人は音を立てることはできるようだ。ラップ音とかラップ現象と呼ばれるものである。ラップ現象とは屋内で乾いた木がはじくような音がする現象を指す。霊の仕業とされることがある。

亡くなった人なら誰でもラップ音を鳴らしたり、花や草を動かしたりすることができるのだろうか。

まず亡くなった人が物質世界に影響を及ぼすには、物質世界にかなり近いレベル（フォーカス23）に元々いるか、あるいは、もっと上のレベルからそこまで降りてくる必要がある。

さらに、フォーカス23に元々いる人でも、通常は手が物を通り抜けてしまうので、物に影響を及ぼすのは難しいはずだ。念力を使うとか、何かそのコツを習得することが必要だと思う。

またフォーカス27にいる人の場合、23まで降りてくるのは簡単なのだろうか。修練すればできるのだろうか。あるいは、修練しなくても簡単にできるのだろうか。

これも死後すぐの場合と1年経った場合で、違いがあるのかもしれない。49日以内だとまだ低次元の非物質の体（低次アストラル体？）があるが、それ以降は高次元の体しかないという説もある。確かなことは今後の解明を待つしかない。

非物質存在はカメラに写るか

モンロー研究所で写真を写すと白い光の球体（オーブと呼ぶ）が写ることがある。直径は1センチ程度から20センチぐらいまで。写真を拡大すると中に模様があり、一様ではない。模様はオーブによって異なっている。

みなが大笑いしたときの写真には多数のオーブが写ることがある。傾向としてフラッシュをたいた方が写りやすいが、たかなくても写る。

霧の日にフラッシュをたいて写真を撮ると無数の球が写るが、これは拡大すると中心に白い点があり、オーブとは明らかに構造が違う。

うちのセミナーに何度も参加した人で、亡くなった奥さんと自在にコンタクトできるようになった人が、あるときベッドルームへ奥さんを呼び、その様子を動画に撮った。すると、肉眼では何も見えなかったが、直径20センチほどのオーブがベッド上に

モンロー研究所で結婚式をあげた際に写ったオーブ。

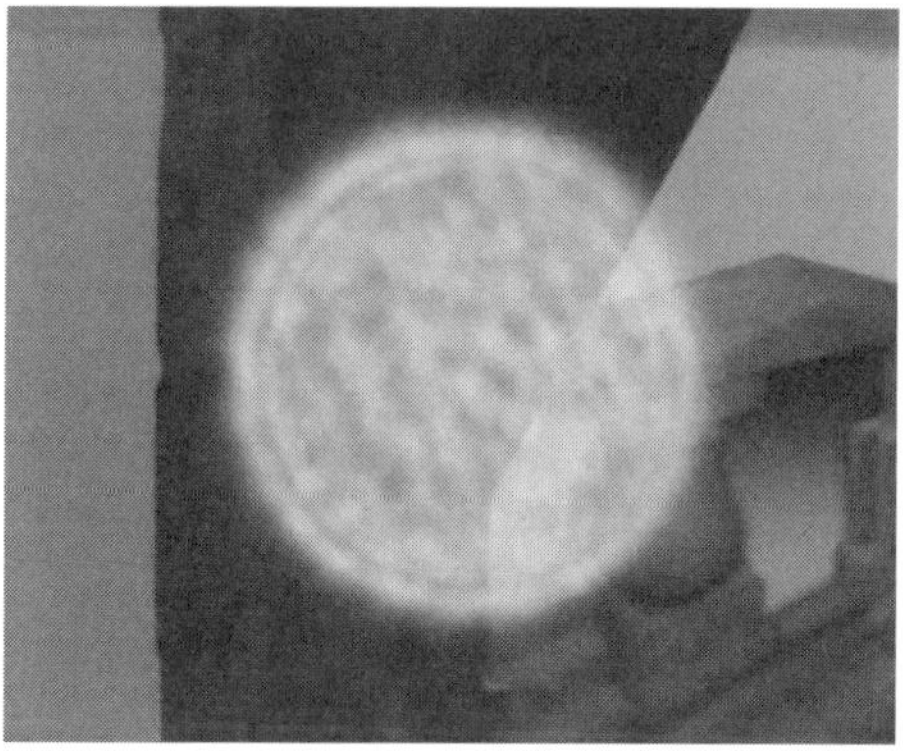

上の写真の拡大画像。

表れて移動していく様子が写っていた。

このようにオーブは亡くなった人が写ったものである可能性が高い。もちろん亡くなった人だけでなく、他の非物質の生命体がオーブとして写る場合もあるとは思われる。

デジタルカメラやビデオカメラは肉眼よりも長波長の近赤外光まで写るので、もしかしたらオーブは近赤外光で光っているのかもしれない。

以前、都内のある地域で、アクアヴィジョン・アカデミーの事務所用の賃貸物件を探したことがある。とある霊園の目の前にある物件の紹介写真を見て驚いた。なんと部屋の真ん中にオーブが写っているのだ。不動産会社にこういう知識がないからだと思うが、そういう物件は避けたくなる。

第7章

救出活動を通して死後世界をさらに知る

不自由な世界に閉じ込められている人たち

死後世界をより深く理解するのに、また、非物質世界での知覚力を向上させるのに大いに役に立つのが救出活動である。

救出活動とは、フォーカス23から26にいる人をフォーカス27へ連れて行くことをいう。英語ではレトリーバルまたはレスキューと呼ばれる。

フォーカス23から26はフォーカス27に比べて自由度が少ない世界である。そこにいる人たちは狭い世界の中に閉じ込められている。人はフォーカス27へ移行して初めて次の生へ移っていくことができる。

そういう不自由な世界から自由な世界へ連れて行くのが救出活動である。

救出活動はフォーカス27にいるヘルパーやガイドたちによって常時なされている。

ただ、我々生きている人間が手助けをすることで、より効果的に行うことができる。

実はフォーカス23から26に囚われている人にはヘルパーやガイドの姿は見えにくい。

特に23にいる人は往々にして意識が物質世界へ向いているので、ヘルパーらにはまったく気づかない。ちょうど我々にヘルパーが見えないのと同じである。

それに比べて、我々はまだ肉体を持っているので、我々には気づきやすいのだ。だから、我々とヘルパーらがチームを組んでいくと、比較的簡単に救出できる。

我々は、囚われている人たちの注意を引き付ける、ある意味エサのようなものだ。こちらに気づいてくれさえすれば、後はあの手この手でフォーカス27へと連れて行ける。

救出活動の意義

救出活動には他者への貢献と自分への貢献という2つの面がある。

まず、前者だが、フォーカス23から26という自由度の少ない世界に囚われている人を、より自由度の大きなフォーカス27へと連れて行くので、他者へ貢献している。

後でお話しするが、場合によっては、救出した人が自分の過去世ということもある。

あるいは、今の自分の隠れていた側面ということもある。そういう場合は、自分への貢献となる。

救出活動をすることで、死後世界が知覚できるようになったという人も多い。ガイドとのつながりに自信が持てるようになったという人もいる。救出時に受け取った情報を後で現実の情報と比較して確証を得て、体験が本当だという確信が持てるようになった人もいる。これらはすべて、自分への貢献ということになる。

このように救出活動は大きな意義を持っているので、モンロー研究所ではこの活動を積極的に行っている。

救出活動のプロセスの流れ

それでは、実際にどういうふうにやるのか、その流れをお話ししたい。

①まず救出活動をしたい旨をガイドたちに述べる。

②フォーカス27へ移動する。
③そこでヘルパーやガイドたちと会う。
④いっしょにフォーカス23または必要なフォーカス・レベルへと降りていく。
⑤目標のフォーカス・レベルへ着いたら、誰かいないか探す。
すぐそばにいるはずなので、誰も見えない場合でも、「誰かいますか？」と声をかける。
⑥状況を把握する、情報をつかむ。
たいてい何かが知覚にひっかかる。かすかな場合が多いが、それを拾うようにする。情報が意識に上ってくることもある。

（たとえば、名前、男、バイク、胸が痛い、交通事故で死んだ、雨の夕方、寒い）
⑦断片的な情報を元にして、すばやく次の行動に出る。
（たとえば、「今、救急車が来ますからね。ちょっと待ってくださいね」と言う。こういった言葉もふと思いつくという感じだ）
⑧行動に対する反応がある。
（すると、実際に救急車がやってくる。ヘルパーたちがあらかじめ救急車を用意

していたので、さっきの言葉を思いついたとも言える。救急車から救急隊員が降りてきて、男性をストレッチャーに乗せて、車内へ）

⑨フォーカス27へ連れて行く。

（自分もいっしょに救急車に乗ってフォーカス27へ行く場合と、その場に残って見送る場合とある。いっしょに行く場合は、フォーカス27に着くまでの間に会話を通してさらに情報が来ることもある）

⑩フォーカス27の「受け入れの場」に着く。出迎えが来ているので手渡す。

（フォーカス27の病院が見えてくる。救急車が止まり、男性を降ろして、急いで中へ運び込む。すると、出迎えの医師や看護師が来るので、彼らに手渡し、男性を見送る）

ざっとこんな流れだ。ただ実際にどういう展開になるかは、出たとこ勝負という感が強い。そのときそのときで、臨機応変に対応する。その醍醐味がまたいい。自分の直感を信じて、行動しなければならないので、直感を鍛えることもできる。

これまでに数多くの参加者が救出活動を行っている。救出現場でとっさにひらめく事柄には感心させられるものが多い。

いくつか救出のエピソードを紹介したい。最初のエピソードは、私が初めて救出を行った2001年のモンロー研究所でのライフラインでの体験である。

オランダ人の海賊

海に入る。海水は白っぽい緑。色が変わって青になった。石の壁が見える。底まで潜る。10メートルほどか。気がつくと左手の方に船がいく艘も並んでいる。全部幽霊船みたいだ。何時の間にか水はない。船のひとつに近づく。

「誰かいますか」

船首の方から中へ入ろうとする。直径1メートルほどの中空の木の筒の中へ入っていくような映像になる。前方に人の気配を感じる。イメージが定まらないが誰かいるのはわかる。非常に怖い。もう帰ろうかと思う。幽霊みたいな感じがする。

「あの、誰かいますか?」

反応がない。

「幽霊ですか？」

すると、声がして、おれは幽霊だと言う。とっさに、先ほどのミーティングのことを思い出した。参加者のマーギーが幽霊に会って救出したと話していた。そのとき彼女が使ったテクニックを借用することにした。

「幽霊なんかしているのもう飽きたでしょう。もっといい仕事がしたくないですか」

「そうだな。昔は幽霊船を走らせて他の船の連中を怖がらせたもんだが、このところはそれもやってない。ぜんぜん人に会うこともなくなった」

「もっとおもしろいところへ行きましょうよ」

「そうだな。そんなことができるのか」

私は手を差し伸べた。幽霊が手をつかんだかどうかはっきりしなかったが、フォーカス27へ行こうとガイドに合図した。上へ上がっていく。どんどんと。本当についていて来ているか心配だったが、目の前に常に形の変わる多面体状の存在がいた。馬に乗った人みたいになったり、ほうきに乗った魔女みたいになったりと、何かよくわからないものが存在していた。次第に空が夜空になり、星が美しく輝き出した。

「おもしろい！」

男は飛行を楽しんでいる様子だった。名前を聞いてみた。シュナイダーだと言う。ファーストネームも言ったが忘れた（ピーターだったか？）。心を開くと男から次の情報が入ってきた。

オランダ人の海賊。1797年。これがどういう意味か不明。真っ暗な中にふたりの顔が浮かぶ。ひとつは母。もうひとつは姉か娘。この家族と何かがうまく行かなくて海賊になる。乗っていた船の映像（4本ぐらい帆のある結構立派な船で、船体は黒い）。船がしけで転覆し、沈没。自分が死んだことはわかっている。

しばらくすると、下前方にポート（発着場）が見えてきた。全体に赤っぽい色。スター・ウォーズのエピソード5に出てくるクラウド・シティの宇宙船発着場を彷彿とさせる形をしている。前に突き出た場所がある。そこに向かっていく。出迎えに5、6人が来ている。2人は背が低い。海賊は何時の間にかポートに降りていて、左の方にいたひとりと抱き合っている。海賊は全身を覆う大きな毛布みたいなガウンをまとっていて、頭には棒がたくさん突き出た帽子をかぶっている。迎えに来た人たちは17、8世紀のヨーロッパ風の服装をしている印象がある（よく把握できない）。海賊は他の人たちと話しながら、奥の方へと歩いていき、中に入っていった。

後でわかったのだが、この海賊は、私が過去世でオランダ人女性だったときの兄だった。ここで、現代オランダ語の発音ではシュナイダーではなく、スナイデルが正しいかもしれない。

過去世のオランダ人女性（ジュリア・シュナイダー、オランダ語発音ならユリア・スナイデル）とつながったときにこう言われた。

「私の一家は中流家庭だったんですが、父が事業に失敗し、兄は船員になり、私は母とふたりで暮らすようになりました。生活をするために、私は綱渡りの仕事をしました。サーカスみたいなものです。屋根と屋根の間に綱を張って、その上を歩くのです。そんなに難しいことはありません。私はしばらくしていい人と巡り合い結婚しました。その後は幸せに暮らしました。ただ兄のことが気になっていました。まったく消息不明になったからです。助けてくれて感謝しています」

食べ過ぎの女

フォーカス27に着いた。

ガイドにいっしょに救出活動に行きたい旨を告げる。

暗くなる。真っ暗な中でしばらく待つことにする。すると、ぼんやりとした光の塊が目の前を右から左へ移動していった。ソファーのような形をしている。目の前でゆらゆら揺れている。

よくフォーカス23で、光の塊のようなものが真っ暗な空間に浮いているのを見ることがある。近寄ってみると、その中に景色が見え、さらに中に入ると、ひとつの小さな世界が広がっている。そこはそこに囚われている人の思いが創り出した世界なのだ。

今回はソファーかと思っていると、ガイドの声。

「よく見てごらん」

じっと見る。家という印象。中へ入った。黒い絨《じゅう》毯《たん》が敷いてある。はっきりした白い模様がある。ソファーなどの家具が見える。人はいないのだろうか。目を別の方向へ動かすと、台所に人影が見える。冷蔵庫を開けている様子だ。妊婦か。いや、太った女性だ。ものすごく太っている。腰のあたりが直径で1メートル以上ありそうだ。足首までのスカートをはいている。

「食べないと死んじゃうから」

と女性が言う。印象として、前世で餓死したのか。

「食べたので寝る」と言って、ベッドに入った。しばらくして声をかける。

「名前は何ですか」

メアリーと言ったかもしれない。よくわからない。

女性は起き上がって、冷蔵庫に行き、また食べ始めた。

「ここは狭いけど、もっと広くていいところ知ってますよ。食べ放題だし」

女性は興味を示した。

「いっしょに行きませんか」

「行きたい」と言う。

ただ、どうやってここから出るかだ。太っていてとても飛べそうにないし。ま、いいか、いつもの手で行くか。

「いっしょに飛び上がれますか」

女性はそんなのはわけないと言う。風船みたいに軽いからとのこと。何となく納得する。

いっしょに上に上がる。天井を突きぬけ、あっという間に空に上がった。さっきの女性は上の方にいて、どんどん上がっていく。何となく、ビア樽みたいな形の存在になった。空は暗くなった。早く着かないかと、少し心配している

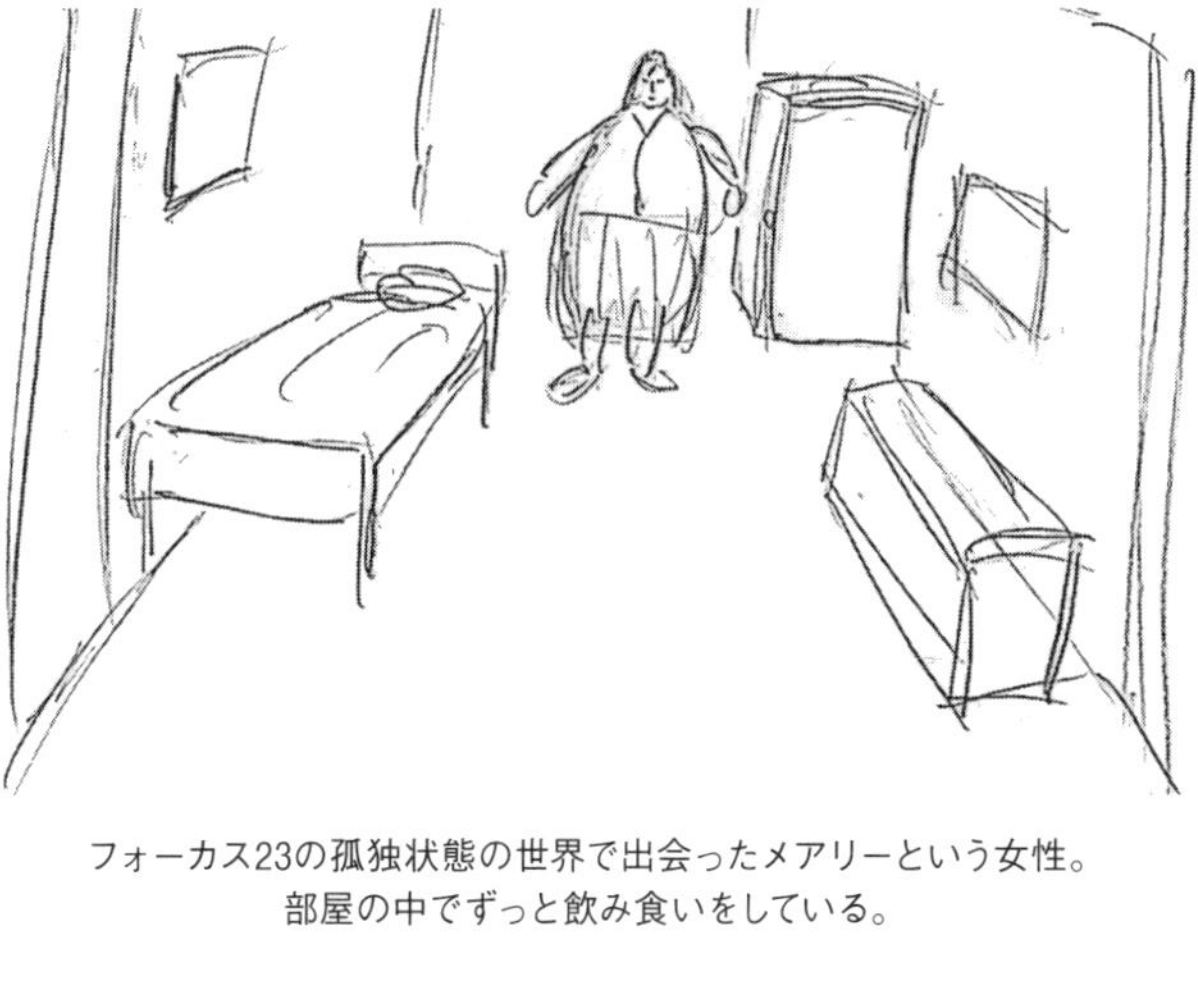

フォーカス23の孤独状態の世界で出会ったメアリーという女性。
部屋の中でずっと飲み食いをしている。

と、女性は何か言ったかと、聞いてきた。

「いや、早く着かないかなと言っただけですよ」

すると、前方に紫色のアプローチと、その先に白い洋館が見えてきた。ホワイトハウスみたいな形をしている。アプローチの両脇は暗い。女性は中に入ったのか消えた。

「中に入って見ていいかな」

とガイドに聞く。ＯＫとのこと。中へ入る。

中はビクトリア調の室内。少し部屋の中を見て回った。白い壁紙に花柄が付いている。女性はどんどん奥へ入って行く。後を何人かの人がついていく。追いかけていくと、広い部屋に出た。白い壁、白木のような明るい床が見える。女性はテーブルについて、早速食べ始めていた。付いてきた男性がひとり着席し、食べ始めた。

「ここではいくらでも食べていいんですよ」

と男性が言った。女性は食べることに罪の意識を持っていたらしい。男性もたくさん食べることで、ここでは食べても問題ないことを示そうとしていた。

隣の部屋の方に行き、ガイドにもう帰っていいか聞く。

「よくできた。もういいですよ」

旧日本海軍の戦艦の乗員

フォーカス27に着いた。ガイドに来てもらう。ガイドの姿はよくわからないが、ともかく救出したいと言う。

フォーカス23へ。すぐに海の中へ入っていく。この中に何かあるらしい。明るい青い海水。水深はそれほど深くない。数十メートルか。底に男性の顔が見える。参加者のMさんのような顔だ。首から下が砂の中に埋もれている。砂を取り除く。男はすぐに動けるようになり、両手を振り回しながら上へ上がっていった。追おうと思ったが、「あれはほうっておけばいい」とガイドに言われる。

まだ他に何か重要な救出があるようだ。

海底の岩や海草のようなものが青い中に見えるが、他には何もない。

少し前へ移動すると、巨大な戦艦の残骸のようなものが見えてきた。

青緑色の海水を通して百メートルほど前方に見える。船首をこちらにして向こうへ横たわっているようだ。砲塔のようなものもある。ただ全体が瓦礫の山になっていて、元の形を留めていない。

中へ入ろうと思うが、うまく入っていけない。

腰に付けたライトセーバー（映画『スター・ウォーズ』に出てくるエネルギーでできた光り輝く刀）で切り開くことにする。何度か船体を切る。

艦内へ入った。

5メートル四方ほどの狭い部屋に半透明の球がいくつも浮いているのが見える。直径が10センチから20センチほどだ。何だろうか。

それぞれは……人の霊だ！

10名ほどいるか。姿はない。

ここから出られないらしい。

ライトセーバーで天井に丸く穴をこじ開ける。

「ここから出られますよ」

と言うと、上へ幾人も出て行った。

船外へ出る。

船体全体を見渡すところにいる。ライトセーバーで何度も切り裂き、さらに額の第三の目のあたりから、強い光を放射して、船体に切れ目を入れる。

すると、青白い船体のあちこちから半透明の丸いものや、ひょろ長いものが上へ上がっていくのだ。人の霊だ。数百体か。

ここで、上へいっしょに上がって行こうとすると、「まだいる」とガイドに言われる。

どうも艦長らがいる。2名か。

「貴君らのこれまでの奮闘、ご苦労であった。陛下がお待ちしておられます」

こんな感じのもっと長い文を言った。今では思い出せない。

すると、ひとり、またひとりと軍服を着た将校らしき人たちが現れ、こちら向きに一列に並んだ。7、8名か。

先頭からふたり目が帽子を取り、お辞儀をした。

「ここに最新技術の発射装置を持ってきた。これで1名ずつ、上へ発射する」

と、とっさに思いついたことを言った。

ここで帰還命令が聞こえてきた。やばい。急がねば。

ひとりずつ上へと打ち上げた。後はガイドに任せることにする。


これは2006年9月に阿蘇で行なったセミナーでの体験だが、参加者のひとりが、私が見たのは旧日本海軍の戦艦陸奥かもしれないと指摘してくれた。

第2次世界大戦中に呉沖で謎の大爆発を起して沈没したとのことだ。後で調べると、1943年6月8日のことで、この際1121名が犠牲になった。水深は50メートルほどのところである。

ロシアの貴婦人

救出活動をするためにガイドの手助けをお願いし、目を閉じて、目の前の暗闇に意識を集中する。

どこかの部屋の中が見える。洋風の部屋だ。背もたれのあるイスに女性が座っている。年をとっている。80歳ぐらいだろうか。ロシア人という印象だ。貴婦人という印象もある。ガイドが説明してくれた。

「彼女は寝ている間に心臓麻痺のような原因で死んだ。そのため、自分が死んだことに気がついていない。半分寝ているような、起きているような状態にいる。そういう状態でずっといるのだ」

部屋の様子が次第に明らかになってきた。20畳ほどの部屋で、貴族の館にあるようなビクトリア調の造りだ。それに見合った調度品がある。部屋の真ん中にイスがあり、そこに女性が腰をかけている。

さて、どうやって目を覚まさせるかだが、ともかく声をかけてみよう。

「あのー、すみません」

「はい、はい、だれだね」

目を開けてあたりを見回しているのだろうか。

「あー、ソフィアだね。いやいや、違うね。ソフィアは確か女の子だったね。あんたはだれだい?」

「あのー、ソフィアの友達のヤコブです」

「ほう、そうかい。そんな子がいたかね。まーいいか」

「外は明るくてきれいですよ」

彼女は興味を示して、イスから立ち上がると、窓際へ歩いていった。

窓にあるカーテンを開けようとして、窓際のひもを引っ張ると、反対にカーテンは閉まってしまった。

すぐに気がつくと、もうひとつのひもを引き、カーテンを開けた。

外は緑の草が木々の作る影と強いコントラストを成していた。

彼女はこの光景に目を見張り、急いで外へ出て行った。

「まー、美しい」

彼女の声は10歳ぐらいの女の子の声に変わっていた。そして姿もそうなっていた。まるで、宮崎駿の「ハウルの動く城」に出てくるソフィーのようだ。何で名前が似てるんだろうか。

「ねー、森の向こうに川と橋があるよ。そこまで行こう」

そう言うと、彼女もいっしょに向こうへ走っていく。

いつの間にか、彼女と私は空を飛んでいた。彼女が怖がらないかちょっと心配になった。

「わー、夢の中みたいだわ」

彼女は怖がるどころか、空を飛ぶのを楽しんでいる。

「ここは夢の国だわ」

そのまま上へと上がっていく。向こうのほうに川と橋が見えてきた。

「ここへ来たことがあるわ」

その先へと着く。

すると前方に人が数人迎えに来ていた。

「あっ、おかあさん、おとうさん」

女の子はかけよると、抱きしめられた。迎えのひとりがこちらに目で合図した。

「ごくろうさん、もう帰っていいよ」

その場を離れる。

ガイドが話しかけてきた。

「今週1週間は水分をたくさん補給した方がいい。エネルギー的な解放が起こるので、それを助けるためだ。コーヒーよりも紅茶がいい」

このロシア人の貴婦人は私の過去世だと思われる。彼女を救出したことで、エネルギー的な解放が起こるのだろう。

生命力を奪うエネルギー・ヴァンパイア

2013年10月、ある町の歓楽街に行く機会があった。そこのある店に入ってしばらくすると、何かが首に巻き付いてきた。7、8人の女性の霊だ。彼女たちは生命エネルギーに飢えていて、私の首にきつく巻き付くや、エネルギーを吸い始めた。振り払おうとしたが、まったくだめだった。

帰宅後、生命エネルギーが枯渇したような感じになった。次の日もその次の日もよく寝た。ともかく疲れていて、力が出なかった。

その次の日、高いフォーカスへ行けば離れるのではないかと思いつき、フォーカス21へ行ってみた。すると、空港のホールのようなところで、7、8人の女性たちが去っていくのが見えた。ひとりは若いすらっとした女性だった。

ただ、まだ若干残っている感じがした。そこでフォーカス27へ行き、ガイドに聞く

と、
「あなたは吸血鬼のような存在たちにとりつかれていました。まだ若干残っていて、あなたのエネルギーを吸い上げています。そのままにしていると、いずれ健康を害することになります。ここには浄化の泉があります。ここでエネルギー的なものを洗い流してください。本来あなたのものではない、他の人のエネルギーをもらってしまっているので、それを洗い清めてください。そしてエネルギーをチャージしてください」
ということで、「癒しと再生の場」にある浄化の泉でしばらく癒されて、エネルギーをチャージした。

これは身をもって行った救出活動である。通常の救出活動では、救出されるべき人は、自分から離れた状態のままフォーカス27へ連れていく。ちゃんと距離感がある。まれに、どうしても移動してくれないので、相手を抱きしめていっしょに行くこともある。そのときでもエネルギー的には合体しているわけではない。

ところが、今回はエネルギー的に密着している感じがあり、くっつけたままフォーカス27へ行った。こういう形の救出活動は、健康や精神面に影響が出る可能性が高く、絶対に意図的にやるべきではない。

スピリチュアルな仕事をしている人の場合、知らないうちに、この手の霊的な存在にエネルギーを吸われている場合がある。そういう吸血鬼のような存在は、死んだ人の場合もあれば、まだ生きている人の場合もある。

エネルギーを吸われるだけでなく、場合によっては精神的な影響を受けてしまう可能性もある。

もしそういう存在に取りつかれたら、速やかにフォーカス27へ行くことをお勧めする。それがもっとも即効性のある解決策だ。フォーカス27は生命エネルギーに満ち溢れている世界なので、あなたに吸い付いている必要がなくなり、離れていく。

アイヌの族長

2014年6月26日から6月29日に北海道の洞爺湖畔の施設を使い、ヘミシンク・セミナーを開催した。この地は昭和新山や有珠山《うすざん》などの火山のエネルギーと洞爺湖の水のエネルギーなど、地球のエネルギーを直に感じることができる土地なので、このセミナーは「地球（ＧＡＩＡ）との交感」を目的としていた。

洞爺湖はほぼ円形の湖でその中央にいくつかの島がある。その島には円錐状の山が並んでいる。宿泊施設は湖と島を見下ろす地にあった。

初日のこと、参加者のひとりがここに着くなり、洞爺湖を見て、「巨大パラボラアンテナの中央にピラミッドがある」と言った。

言われて初めて気がついたが、確かにそうだ。宇宙を観測する電波望遠鏡がパラボラアンテナの形をしているように、パラボラの形は宇宙からの電磁波を集中できる。電磁波だけでなく、宇宙の非物質的なエネルギーを集めるのにも適している可能性が高い。また円錐状の山もピラミッドがそうであるように、その手のパワーを集める効果がある。そういう二重の意味で、この地はパワースポットなのだと思う。

セミナー初日、セッション前、目をつぶると洞爺湖の湖面が見える。湖の中央にある中島の鮮やかな緑が見える。その一点にどんどん向かっていく（クローズアップされていく）。湖の神のような存在から情報が来た。

「ここにアイヌの族長が囚われている。救出してほしい。アイヌの聖地を回復してほしい。忘れられている。保存できていない。打ち捨てられているところが多い」

次の日、午前1時ごろに目覚めた。しばらく夢うつつ状態にいる。

その中で、洞爺湖の中島にアイヌの族長がフォーカス23のような状態に囚われている感じがする。

彼は、アイヌの将来を憂えている。和人に住む土地を追われ、自分たちが遠い過去から守ってきた生き方をできなくなった。これからどうなるのか。そう憂えている。

そういう思いの中にどっぷり浸かっている。

こんもりとした巨木が見える。ブロッコリーのような形だ。彼だ。彼は大きな木と一体化している。憂えているままで木になっている。

もっと自由になりたいと思っているようだ。

彼と会話する。

「神々の国へ行きましょうよ」

「え？　そんなことできるのか？」

「はい。上へ向かいましょう」

木は浮き上がり、上へ上がっていく。

緑の木々が一面に広がる世界へ来た。彼は木の下からぬっと頭を出すと、つぶやいた。

「ここは？　森の精たちの世界だ」

とひとりで納得している。

さらに前方へ移動していくと、何やら出迎えに来た。両親のようだ。

「おっとう、おっかあ！」

彼はそう叫ぶと、出迎えの人たちの中へ入り、共に向こうの方へと向かっていった。

「ありがとよ」

という声？　が聞こえてきた。思いが伝わってきた。

体験を書き終えてベッドにもぐりこむ。意識が自然に湖へ向かう。ここに住んでいる神的な存在に意識を向ける。

しばらくすると、男性の声？　で言葉が浮かんでくる。

「余はこの地の森や湖など自然を守る者だ」

「龍神ですか？」

「そうだ」

この生命体は男性だ。

「そちは自然体だな。これまで多くの者がやって来て、わしとつながろうとした。実際に交信した者もいる。彼らはみな肩に力が入っていた。自分は何々の巫女じゃ、教祖だ、師匠だとか、パワーがあるとか、ヒーラーじゃとか……そういううぬぼれが強い人ばかりだった。そちは違う。ごく普通の人間じゃ。肉も食べるし、欲も多い。それなのにわしと交信できている。そちには力みがないのだ。気に入った」

ここで記録をとる。

「そちの後ろに控えている者たちから情報をもらったが、シリウス系の龍神が仲間にいるんだな。わしも同じだ。シリウス系だ。遠い昔にこの地に来て、アイヌの人たちと共に生きてきた。彼らに生き方を教えたりした。彼らの守り神として生きてきた。ただ、アイヌの文化はほぼ途絶え、わしのことを知る人もいなくなった。

昔はあちこちに仲間がいて人々の守り神として、それぞれの地に住んでいた」

本土で言えば縄文時代のときのことのようだ。蛇神さまとして祀られていた。

「そろそろ帰ろうと思っていたのだが、ただこのアイヌの族長のことが気がかりだった。そのため今までここにいたのだ。彼も救出されたので、しばらくしたら帰ろうと思う」

「私が救出すべき、アイヌの囚われている人は他にいないんですか？」

「あなたは必要なところへは導かれていく」

「まだ帰らなくていいかもしれないですよ」

「なんでだ？」

「これから和人たちがあなたを知覚するようになるからです」

「そうなのか？」

「はい。これからは神としてではなく、同格の存在として、お付き合いするようになりますよ」

いつの間にか、この存在は私と同じぐらいの大きさになっている。いっしょに草木の生えたところを進んでいく。

ホヤウカムイ

翼を持った大蛇

それが彼の名前だ。

エジプトのホルス神殿に囚われていた人

2017年10月21日から28日までHISのエジプトツアーに参加して、古代遺跡や神殿を訪れた。このツアーにはアクアヴィジョン・アカデミーのトレーナーやスタッフ、知人など総勢30名ほどがいっしょに参加した。ツアーは全体で80名ほどだったので、かなりの人数をアクアヴィジョン関係者が占めていたことになる。

訪れた各地で興味深い体験や救出が起こったのだが、ここでは1つだけ紹介したい。

２０１７年10月23日、朝、馬車に乗って、エドフのホルス神殿へ。ホルス神殿を囲う巨大な壁。その中央にある入口を通り、中へ。四周を壁に囲われた広場へ出た。ここはこの構造のために、とても神聖な空間になっている。日本の神社にも同様の構造が散見される。

広場を通り、向こう側にある建物の中へ。ここはキリスト教徒による破壊で天井が黒くこげている。何かいやな感じがする。

さらに奥にある至聖所へ。ここはどろどろした感じで、威圧感があるような感じ。長居はしたくない。

元々は神聖な場で、精妙な空気がただよう空間だったのかもしれないが、ただ、ともかく怖い感じがして、すぐにその場を後にした。

帰国後の２０１７年12月５日、朝４時半ごろ目が覚めた。

エジプトツアーで訪れたホルス神殿の奥の一室が、非常に恐ろしかったことを思い出した。何か恐ろしい存在がいるという気配がして、怖かった。

ダークサイドの存在。威圧感。恐怖心を植え付ける感覚。そのときは意識を向けるのを避けていた。

救出しなければとは思いつつ、そのままにしていた。

今、救出を試みることにする。

その部屋を思い出す。すると部屋の中に青年が立っている。Sさんのような顔をしているが、Sさんではない。彼女の過去世でもないようだ。単に似ているだけだ。

威圧感はない。どちらかと言うと、うぶな感じの青年だ。

「上の方へ、光りの方へ上がってください」

私がそう言うと、彼は何か躊躇している。元は光の世界にいたが、そこから堕ちた堕天使という印象だ。そこへの反発心がある。

上へ戻る気になったのか、上の方から光が降りてきて両腕をかかえられるような形で上昇していく。まだ少し反発している。ただ、吹っ切れたような印象もある。そのまま上昇していった。

青年の姿で現れた段階で、すでにダークサイドの存在を演じていたのをやめる決心をしていたようだ。

彼がどういう経緯で堕天使になったかはわからない。光の国に対する反発心からそうなったようだ。

私は旅先で救出することがときどきある。古代遺跡にそのまま何千年も囚われていた人を救出したこともあった。何らかの深い縁がある場合がほとんどだ。

今回この男性とどのようなつながりがあったのかは、まだ明らかになっていない。過去世のような気もする。

カウボーイの仲間たち

フォーカス27に着く。ガイドたちに来てもらう。

カウボーイ姿の人たちが何人か来た。ガイドは今回の救出に必要な姿になって現れることが多い。

昨日、セミナー参加者のIさんが言っていたことを思い出した。Iさんは過去世でカウボーイをやっていて、モンローの子供だった。Iさんは洪水で流されて死んだとのことだった。

フォーカス23へ向かう。何かキャバレーのようにところへ着く。西部劇によく出てくるようなところだ。

奥に何名かいるが、皆エネルギー的にくっついているような感じだ。私に気がつくと、

「あー、久しぶりだな。金持ちのボンボンが来たぞ。昔みたいに一緒に遊ぼうぜ。ギャンブルとか、女もたくさんいるぞ」と彼らが言う。

「もっといいところを見つけたんですよ」

私はそう言うと、彼らは興味を持って、こちらへ塊のまま迫ってきた。

私は彼らの方を向いたまま、上空へ上がっていく。どんどん上がるが、彼らは猛スピードでこちらへ追いついてきた。

さらに、私の上空を越えて勝手に進んでいってしまう。

「いいとこ見つけてくれてありがとよ」

フォーカス27へ着く。明るいオープンな場所へ来た。

ひとりがこっちへ向いて、言った。

「わかってるよ。これでやっと出られた。ありがとう」

実は原レオンさんに言われたことがある。坂本さんは、過去世でモンローの息子だったと。そのときのモンローはアメリカ西部の大牧場主で大金持ちだったそうだ。

今回救出した連中は、私がモンローの息子でカウボーイだったときの遊び仲間たちのようだ。私はどうやら金持ちの息子ということで、いいカモにされていたらしい。

この過去世のときの自分はその後、保安官になったようだ。というのは、別のセミナーで、ある参加者が次のように言っていた。坂本さんは保安官で、コルト45（拳銃）をいつも自慢してクルクル回していたと。

実は私は子供のころからコルト45が好きで、今ではモデルガンを持っていてときどきクルクル回している。子供のころ（1960年代）、テレビで西部劇が流行ったので、その影響だと思っていたが、それだけではないのかもしれない。

救出した人たちと自分の関係性

これまで数々の救出活動を行ってきたが、多くの場合、対象はガイドたちが選んでいる。私は単にそこへ導かれて行き、救出を行う。

あるいは、物質世界である場所に引き寄せられるように行き（旅行などで）、そこに救出すべき対象がいることに気がついて救出するということもよく起こる。これもガイドたちが導いているように思う。

このようにガイドたちの計らいが必ずあるので、救出した人は自分と何らかの関連がある人の可能性が高いように思う。

過去世の自分であったり、その関係者だったり、あるいは、過去世で自分が殺したり、封印したりした人だったりするようだ。

第8章

過去世とトータルセルフ

過去世について

我々は悠久の過去からいくつもの生命を体験してきている。人間としての生も多数体験しているが、それ以外の生命体験もある。

また、地球における体験だけに限らない。地球以外の星（生命系）における体験も数限りなくしてきている。

そういった生命体験を過去世と呼ぶことが多い。今よりも過去の時間に存在した生という意味で現世に対して、過去世と呼ぶ。

それらを順に体験して今の自分があるという考え方が、いわゆる輪廻《りんね》である。

これに対して、モンロー研究所で明らかになってきたことがらは、この単純な輪廻の考えでは説明がつかない。

というのは、何人もの過去世の自分がフォーカス23やフォーカス24～26に囚われているのである。

人はフォーカス27へ来て初めて次の生へと移行できるので、通常の輪廻の考え方が正しいなら、今の自分がいるということは、フォーカス23～26に過去世の自分がいてはいけないのである。

自分の過去世と思われる人がフォーカス23～26に囚われているという事実は、通常の輪廻の考えが誤りであることを示している。

この事実を説明するには、次のモデルかその類型を考えなければならない。

輪廻の新モデル

「元々の自分」がいくつにも分裂して、それぞれが輪廻している。その中の何人かはフォーカス23～26に囚われている。さらに、ときどき新たに自分が生み出され、その自分も輪廻している。

このモデルを理解するには少し補足が必要だろう。

モンローが見出したことなのだが、自分には始まりがある。何か大きなものから分離して「自分」が存在し始めた。それをここでは「元々の自分」と表現している。「原初の自分」と呼んでもいい。

「元々の自分」は、何も体験がない状態だったのだが、好奇心が旺盛で、体験をし始める。効率よく体験するために、いくつにも分裂して、様々な生命系へ入っていった。そうして得られた体験が「元々の自分」に付け加わっていった。

ときどき必要に応じて、新たな自分が生み出され、それが体験を積み重ねていった。

トータルセルフ

これまでに経験したそういったすべての自分（過去世の自分と現世の自分）の総体をトータルセルフと呼ぶ。その生命体験の総数は数万を下らないと思われる。

モンローはトータルセルフのことをI／There（向こうの自分）と呼んだ。

モンローによれば、トータルセルフにいる「各人格はそれぞれ、個人としての認識力、精神、記憶を持つ、意識・感覚をそなえた存在」である。つまり、各人格がリアルタイムで話をできる相手としてトータルセルフに存在しているのである。

ただ、私が得た情報はこれとは微妙に異なっていて、「各人格は通常はトータルセルフ全体の中に融合しているが、必要に応じて個別人格として現れることができる」とする。量子論で言うところの波と粒子の関係と同じで、**全体として振る舞うことも個別粒子として振る舞うこともあるとのことだ。**

私のトータルセルフのメンバーには、地球以外の生命系で生命体験をしてきた者も多数いる。生命系は地球に限られていない。他に数限りない生命系がある。それらは他の天体や他の次元にある。この銀河系だけでなく、他の銀河にも多数ある。

そういった数多くの生命系での生命体験も、私の過去世の中には多数ある。それらに興味ある方はぜひ拙著『UFOと体外離脱』（ワン・パブリッシング）をお読みいただければ幸いである。

地球の不幸な体験は、宇宙で大人気

私だけでなく、多くの人はこのように宇宙の様々な生命系で体験してきて、あるとき地球生命系のうわさを聞きつけて興味を持ち、地球生命系に入ったのである。それがごく最近の人もいれば、かなり前の人もいる。

実際のところ、最近入った人でも、時空を超えて遥かな過去の地球に行き、そこでの体験をすることも可能だ。

私は地球生命系に入った後、60億年前の、地球が生まれる前の原始太陽系に行き、まず宇宙空間に浮かぶ岩を体験した。そこからいくつもの生命を体験して、さらに人間になり、人間だけでも424回体験している。

この回数については、以前ゲリー・ボーネルと対談した際に彼に言われた。詳しくは『地球の『超』歩き方』（ヒカルランド）をご覧いただければと思う。

地球は他ではできない貴重な体験ができるところとして、宇宙内でけっこう有名であり、人気の的である。地球は弱肉強食の世界であり、そこに生きる生き物は人間を含めすべて死の恐怖の下に生きる。

特に人間世界は熾烈だ。幸せは長続きせず、不幸の間にあるつかの間の幸せを得ようとみな必死に生きている。驚くべきことに、この**不幸体験が実は他では得難い体験で、これが人気の秘密らしい。**

うちのセミナーの参加者があるとき、こんな体験をした。彼は遥か遠くの星まで行き、そこの住人たちに会った。すると住人はみなとても幸せなのだが、中にひとりだけ少し不幸せな人がいると、みなから絶賛されるそうだ。

どうしてかというと、みな幸せだが、そこから先、霊的に進化するすべがないのだ。不幸せならそれを通して学ぶことができ、進化が可能なのだ。だから、彼らは不幸せが体験できる地球のことを聞きつけると、大喜びで地球へ向かうそうだ。

ところが、地球生命系にはひとつ問題がある。

それは入る際に、これまでの一切の記憶にアクセスできなくなること。そのため自分が誰で何のために地球に来たのかを忘れて輪廻することになる。その結果、一度入るとなかなか抜け出せない。

特に人間体験には中毒性があり、病みつきになってしまう。結果、何度も人生を繰り返すことになるのだ。

エクスコム（代表委員会）

自分のトータルセルフを代表する存在が10名ほどいる。モンローは彼らをエグゼクティブ・コミッティー（代表委員会、略してエクスコム）と呼んだ。エクスコムはモンローのことをずっと導いてきている。そういう意味でエクスコムのメンバーは全員彼のガイドと言える。

ただ、ガイドの集団＝エクスコムと言えるかというと、そうではないようだ。ガイドの中には明らかにエクスコムのメンバーではない者もいるからだ。たとえば、私のガイドのひとりにモンローがいるが、彼は私の過去世ではないので、私のトータルセルフのメンバーではない。つまり、私のエクスコムのメンバーではない。なので、**ガイドの集団＝エクスコム＋α**である。αの部分は、トータルセルフを超えるレベルでのつながりから手助けに来た者たちである。

ガイドたちと共に生きる

我々はともすれば人生をひとりで生きていると考えがちだ。もちろん家族や友人、知人がいるが、基本ひとりで悩み、ひとりで考え、ひとりで挑戦し、ひとりで喜び、ひとりで悲しみ、ひとりで苦しむ。

ところが、実は、人生を共に歩むガイドたちという心強い仲間がいるのである。

彼らは表に出ることはないが、我々を手助けしてくれている。

日々の些細《ささい》なことでの手助けもさることながら、人生の長期的な展開での手助けという面がより強い。今生の自分のテーマがいくつかあり、それを長い目で見て達成できるように手助けしてくれるという感じだ。

だから、**自分のテーマを知り、それを達成すべく行動すると、ガイドたちの大きなサポートが得られる**。そして、非常にスムーズに結果を出していくことができる。

たとえテーマを知らなくても、それを達成する方向に進んでいく場合は、同様である。

ただ、多くの人は自分の人生のテーマを知らないので、自分がテーマを達成する方向に進んでいるのかどうかわからない。

そういう場合に、その方向を示す羅針盤は、**自分が興味を持つことかどうか、ワクワクするかどうかである**。ガイドたちはワクワク感を通して、進むべき方向を示しているると言える。

逆にテーマの達成に逆行するような場合は、サポートを得られにくい。そのため、スムーズさはなく、ゴツゴツぶつかりながら、強引に達成することになる。場合によっては失敗したり、行き詰まったりする。

ガイドは我々の自由意思を尊重するので、それを押さえてまで彼らの考えを押し付けることはしない。彼らから見れば我々が望ましくないことをしていたとしても、それをじっと見守り、我々がそこから学べるようにする。失敗を通して我々が学ぶ機会を奪うことはしないのである。

そうは言うものの、まだ死ぬべきときでないのに、そのまま行くと死ぬ事態になる場合は、緊急介入してくることがある。たとえば、交通事故に巻き込まれるのを危うく回避した場合だ。本人は何が起こったのか、どうして死なずに済んだのか、キツネにつままれたような感じになる。

ガイドは日々の細々としたことでアドバイスをくれることもある。ひらめきや直感、声なき声という形でそれはやってくる。

たとえば、朝出かけるときに、天気予報は一日晴天と言ってるのになぜか傘を持っていった方がいいと思い、それに従ったら、本当に夕方雨が降ってきて、傘があって助かったというような場合だ。これはガイドからのメッセージをうまく受け取ったのだ。メッセージは「ふとそんな気がする」という形でやってくることが多い。

ヘミシンクを練習するとガイドと直接つながり、質問して答えをもらったり、交信したりできるようになる。交信に適した意識状態があり、そこへ導かれるからだ。練習を重ねると、ヘミシンクを聴かなくても、必要に応じてガイドから情報を得ることができるようになる。

さらには、今後の人生の大きな展開について、人生のテーマに沿って共同で創造することができるようになる。

第9章

死ぬタイミング

人の人生が終わるタイミングは何が、あるいは誰が決めるのだろうか？

はたから見ると、人はやり残したことや思い残すことがまだある段階で死ぬことが多いように見える。

たとえば、小さい子供を残して交通事故で死んだ母親とか、希望していた職に就いた矢先に死んだ青年、白血病で10歳で死んだ少年など、まだまだ生きていたいという強い思いがある段階で死んでいると思われる。

そもそも自殺希望者でない限り、人は一瞬でも長く生きていたいと願うものだ。そういう意味からも、死のタイミングは何が、あるいは誰が決めるのかという問いは重要である。

この問いに対する答えは、実はまだ明確にはわかっていない。そこで、亡くなった知人に自分が死んだタイミングについてどう考えているのか聞いてみた。

いくつか紹介したい。

ある意味、自殺だったという知人のHさん

第1章で紹介したHさん。50歳でガンで亡くなった彼に、死のタイミングについて聞いてみた。

「ガンという病気で死んでますが、ある意味、自殺ですね。生きることの意味がよくわからなくなっていたんです。潜在意識的にはもう死にたいと思うようになってた。それが病気を誘発したんだと思います。顕在意識では生きたいと思ってますが、でも、深いところではどうでもよくなってきてた。

潜在意識のほうが強いですから、その思いが具現化されてしまうんです。生きてる間は潜在意識のことははっきりとはつかめませんが、死ぬと明白にわかるようになります。そして、顕在意識と統合されるようになります。

生まれる前の計画ですか？

もう少し長く生きて、いろいろ経験したかったとは思うのですが、計画よりもかなり前に死んだと思います。やはり、実際に生きてみて、意味を感じられなく

なって、早めてしまったということですね」

顕在意識としての自分は生きたいと思っているのに、潜在意識としての自分がそうではない場合、潜在意識の方がパワフルなので、それが具現化されてしまう。その結果、生まれる前に立てた計画よりも早めに死ぬことになる。潜在意識まで含めれば自分が死の時期を決めていると言える。こういうケースは意外と多いのかもしれない。

人生を早めに切り上げたという高校同級のTさん

第4章に登場したTさんに再登場してもらう。Tさんは1年ほどの闘病生活の後に亡くなった。

2024年8月15日、Tさんにコンタクトする。すぐにTさんが話し出した。

「家族に気づいてもらおうといろいろやったけど、ぜんぜん気づいてくれないんだ。何かの勘違いとか思われたり、完全に無視されたり。こっちがまだうまくできないということもあるけど。妻に言ってくれないかな」

「今度食事会で会うから、そのときに」

「それじゃ遅すぎるよ。もっと早くメールで伝えてくれない？」

「そうするよ。で、今回の人生少し早めに切り上げすぎたんじゃないの？」

「そうかな、その辺のことはまったく考えてこなかったな」

「人生回顧したの？」

「まだ。先延ばしにしてるんだ。まだ癒しが必要だと言って」

「そんなことできるの？」

「うん。できてる」

「じゃ、人生回顧してから考えるのかな？」

「いや、今でも薄々感じてはいるんだ。生まれる前の計画よりも早めに切り上げたんだなって」

「そうだったんだ」

「生まれる前の計画では、あれもやってこれもやってと、定年後もいろいろやる計画だったんだ。ただ、メインはサラリーマンをやりながら会社の中でいろいろなことをやってみたかった。出世もしたかった。で、それが一応満足できたので、定年後は、その他のことをやる意欲がなくなったんだ。もういいかなって」
「そうか。満足しちゃったから、切り上げたってことか」
「まあそういうことかな」

Tさんの場合は、一応満足したので、他のことをやる意欲がなくなって、計画よりも早めに切り上げたということである。つまり、自分の意志で決めていることになる。ただ、先ほどのHさんの例のように、潜在意識が決めている可能性はある。つまり、顕在意識はまだまだ生きたいと思っているのに、潜在意識が満足してしまって死を選択しているのだ。

死んだ後のTさんから聞いた話なので、その段階ではすでに両者が統合されていて、満足したから死を選んだという話になったのかもしれない。

計画どおりのタイミングだった姉

2024年8月14日、朝5時、姉にコンタクトする。

「今回の人生ちょっと早めに切り上げちゃったけど、どうしてなの?」

「子育てをすることが今回の人生でもっともしたかったことだった。生まれる前に人生の大まかな計画を立てたんだけど、これまでのいくつもの人生でしっかり満足行くまで子育てをできていなかったから、今回はとことんやりたかった。成人するまでちゃんと育てる。これまでは途中で死んじゃったり、そもそも子供ができなかったりだったので」

「そうだったんだ」

「それで子供を3人しっかり育て、みな結婚し家から巣立っていったら、何かやり終えた感があって、その後、何をしたいかわからなくなったの。そもそもそこまで考えてこなかった」

「そうか」

「だから、その後は仕事を始めたりしたけど、今一つ満足できなかったの」

「それで、早めに切り上げたってわけね」

「そうね」

元々の計画が子供が巣立つまでしか立てていなかったということになる。なので、早めに切り上げたように見えるが、実は、元々の計画どおりのタイミングで亡くなったということになるだろう。ということは、死ぬタイミングは自分で決めているのだ。

ヘミシンク・セミナーによく参加されていたFさん

２０２４年9月4日、Ｆさんにコンタクトする。

「こちらの世界に来ると、人のつながりの光の筋が見えるんですわ。坂本さんをサポートする存在がモンローさんをはじめ、たくさんおられますな。ミッツィもいるし、私の知らない存在もたくさんいらっしゃいます。レオンさんもすごい数の手助けが来てますわ。

私が亡くなったタイミングですか？

そうですね。だいたい生まれる前の計画どおりですわ。生まれる前の時代の常識では人生は60歳から70歳ぐらいでした。なので、このぐらいやったらだいたい満足ですわ。やりたいことは一通りやりましたし」

ということで、概《おおむ》ね生まれる前の計画どおりだったようで、死の時期は自分で決めているようだ。

自殺の経験を必要としたSさん

第1章に登場したSさんに死んだタイミングについて聞いた。

「私は今トータルセルフの中に戻り、通常はその中に融合していますが、あなたが呼びかけたので、ひとりの人格として再び現れました。

私は以前あなたが知っていた私とはいろいろな面で違います。以前のように知覚が限定されていません。

今回の人生は、私のトータルセルフが必要としていた最後の一片の体験をするためのものでした。自殺するほどの苦しみを味わう人生でしたが、その経験が生かされています。

私のトータルセルフは女神となって人を癒すということを今しています。そのためには人の様々な苦しみを体験する必要がありました。

そのために、今回の人生の生まれる前の段階で、苦しみの人生になるように計画していたのです。遅かれ早かれ自殺することは計画されていました。

もちろん死んだ後、フォーカス27の『癒しと再生の場』ですべてを癒すことも計画されていました」

ということで、彼女の場合も生まれる前の計画どおりだったようだ。自殺なので死の時期は自分で決めていることになる。

以上ごく限られた例しか見ていないので、死ぬタイミングについて結論じみたことを言うことはできない。が、ここに挙げたすべての例で、死のタイミングは、潜在意識を含めた意味での自分が決めていると言える。

　より正確を期すには、突然の事故で亡くなった人や殺害された人など不本意な死に方をした人たちや、やり残したことや思い残すことがまだある段階で死んだ人など、さらに様々なケースを調査する必要がある。

第10章

死後に迷いの世界へ入らないために

ここまで死後世界について、具体的な例をいくつも挙げて説明してきた。死後世界の構造について理解していただけただろうか？

それでは、ここまでお話ししたことのまとめとして、死後に迷いの世界へ入らないためにはどうすればいいのか、お話ししたい。

まず、死んだ後フォーカス27へ直行する人と、フォーカス23から26のいわゆる迷いの世界へと入っていく人の違いはどこにあるのか、それについて理解することが重要である。そうすることで、迷いの世界へ入らないようにすることができる。

それには、死後それぞれの世界へ行った人たちの事情を見てみるのが良いだろう。

フォーカス27へまっすぐに行く人たち

これまで多くの亡くなった人に会ってきたが、その体験から言って、フォーカス27へ死後まっすぐに行く人は、全体の3割程度と推測される。

彼らの多くはお迎えに気がつき、お迎えに連れられてフォーカス27へ行ったと考えられる。もちろん中には、気がつかないうちにうまいことエネルギーでシールドされて行った人もいるだろう。あるいは、自力で行った人も少数ながらいるはずだ。事前にヘミシンクを練習していた人や何らかの方法を習得していた人だ。

いずれにせよ、フォーカス27へ直行するのには、お迎えに気づくということが非常に重要なことがわかる。

残りの人たちは、死後すぐにはフォーカス23か、あるいは24から26の信念体系領域に行くのだが、それは全体の7割程度と推測される。

フォーカス23へ行く人たち

それでは、フォーカス23へ行く人たちとはどういう人なのか見てみたい。

まず、自分が死んだことに気づかない人は、フォーカス23に行く場合が多いようだ。気づかない状況はいくつかある。そのひとつは、意識が朦朧としている場合である。ガン患者に対する緩和ケアが普及してきたことで、意識が朦朧として夢を見ているような状態のまま死ぬケースが増えてきた。

緩和ケアは痛みを和らげ、患者のQOL（クオリティ・オブ・ライフ）を高める効果があるので、必要ではある。ただ、欲を言えば、痛みは緩和するが意識が朦朧としない状態を維持する療法はないのだろうか。そうすれば自分が死んだということを的確に自覚でき、お迎えに気づく確率が上がるはずだ。

ただ、意識が明瞭だと、自分の死としっかりと対峙しなければならず、その恐れにさいなまれる可能性はある。それはそれで大変なことだ。

「人は太陽と死は直視できない」とは、17世紀のフランスの文学者ラ・ロシュフコーの言葉である。死を眼前に控えても、人はなおかつそれから逃れることしか考えないものだ。

元気なときに死後に対する正しい知識を持ち、死の恐れを解決しておくことがいかに重要かを物語っている。

事故死のように、それまで元気だった人が一瞬で死んだ場合も、自分の死に気づきにくいようだ。

死んだ後もそれまでどおり体（非物質の体なのだが）があり、まわりの状況が把握できるので、自分が生きていると勘違いしやすい。まわりの人に話しかけても誰も気づいてくれないので、自分の状況をうまく呑み込めない。そのために、そのまま事故現場にいて、次第に意識を閉ざしてしまう。

そうすると、眠ったような状態にいることになる。

それを避けるには、**死んでも自分はそのまま生き続けるということ、肉体と見た目も感覚的にも変わらない非物質の体があるということを前もって知っておく必要がある。**

そうすれば、突然状況が一変し、誰も自分が言うことに耳を貸さないとか、手が物を通り抜けるとかが起こったら、自分が死んだ可能性を考えることができる。

いずれにせよ死後に対する正しい知識を普段から持っていることが、いかに重要かわかる。

自分が死んだことに気づいたとしても、意識が物質世界へ向いたままだと、お迎えに気づきにくい。我々に亡くなった人が見えないのと同じ理由からだ。自分が死んだことがわかっても、死後何が起こるかについての知識がないと、そのままフォーカス23にいることになる。死んだらお迎えが来るという知識さえあれば、そんな間違いは起きない。

ここでも、死後に対する正しい知識を持つことの重要性が強調される。

信念体系領域（フォーカス24〜26）へ行く人たち

死後、肉体から自由になると、心の奥にある信念や興味、欲が前面に出てきて、それによって信念体系領域へと吸い寄せられていく人もいる。これは本当に「吸い寄せられる」という言葉がピッタリで、何か強力な引力によってそちらへ引き寄せられるのだ。

こういう人たちはお迎えに気づかないか、気づいてもフォーカス27へ向かう途中で、信念体系領域へと向かってしまう。

救出活動をしているときに、フォーカス27へ連れていく途中で、消えてしまう人が時々いる。彼らは信念体系領域の中のどこかへ吸い寄せられていってしまうのだ。

お迎えの人たちは、信念体系領域を通る際に、亡くなった人をエネルギー的にシールドして、まわりの様子が感じられないようにする。そうすることで、信念体系領域の中の自分の興味のある所へ吸い寄せられないようにする。ところがシールドは完璧ではないので、強い興味を持っている人の場合は、シールドを越えて行ってしまう。

これはこれで仕方がないことである。

我々はあらゆることを体験するために地球生命系に来ている。特定の体験が不足している場合は、それをやり遂げる必要がある。信念や興味、欲に関することも飽きるほどやることで、そこから卒業し、次の段階へ進むことができる。

なので、この領域に一時的に囚われることは必要な体験なので、そこへ引き寄せられていく人を引き留めることはできない。

時間がかかるが、いずれは皆フォーカス27へ行く

人によりかかる年数は異なるが、遅かれ早かれほとんどの人はフォーカス27へ到達し、次の生へと向かうことができる。

それは、フォーカス23にいる人たちのまわりにはガイドたちやヘルパーたちがいて、常に救出の機会を狙っているからである。みな何かの拍子にガイドらに気がついて、フォーカス27へ行くことができる。

また、信念体系領域の場合は、その領域のすぐ外にガイドたちやヘルパーたちが控えていて、中にいる人が信念に疑問を抱き、そこから抜け出てくるのを待っている。抜け出た瞬間につかまえてフォーカス27へと連れていく。

ただ地球上の時間で言うと数十年から、場合によっては数千年もかかることもある。とはいえ、死後世界では時間の概念は物質世界ほどには厳密ではなく、本人の意識の中ではもっと短い時間と感じられることも多いようだ。

死後まっすぐにフォーカス27へ行くには

以上をまとめると、次を実行するといいと思う。

①死ぬ前に死後世界について正しく理解し、死んだら自分がどういう状況になるのかをしっかりと理解しておくこと。できればヘミシンク・セミナーに参加し、実際に死後世界を体験しておくとなお良い。

②死後お迎えが必ず来ることをしっかりと覚えておくこと。

③緩和ケアに入る場合は、朦朧としてくるので、お迎えが来ていないか常にチェックすること（変性意識状態になりやすいので、通常よりもお迎えに気づきやすい可能性はある）。

④自分の状況が急変し、誰も自分に気づかないとか、手が物を素通りするという状況になっていたら、自分が死んだ可能性について考えること。そして、自分が死

んだとわかったら、お迎えの人たちが必ずそばに来ているので、お迎えを探すこと。

⑤死後お迎えに連れられてフォーカス27へ行く途中で、信念体系領域のどこかに吸い寄せられそうだったら、お迎えの人との会話に集中すること。

看取る側の注意点

最後に、看取る側としてどういうことに注意したらいいのかお話ししたい。
亡くなる前によくあるのだが、次のような体験を真顔で話すようになる。

①先に亡くなった父がさっきまでそばにいた。祖父母と久しぶりに会った。
②空を飛んで楽しかった。上空から見た夜の街がとてもきれいだった。火星まで行ってきた。
③光がまぶしい。

まず、こういった体験は幻覚や妄想ではない。体験をむやみに否定しないようにしたい。

①はお迎えの人が準備のためにそばまで来ているのであり、その段階で本人がしっかりと知覚し、いっしょに行動できるようになると、肉体が死んだ際に、いっしょに上へ上がっていくことが可能になる。

次の②は体外離脱を体験しているのである。この段階でお迎えの人がそれを手助けしている可能性が高い。本人はそれを知覚できていないのなら、看取る側は、誰かそばにいないかと尋ねるといいだろう。そうすればお迎えの人に気づくことができ、死ぬ際にいっしょに上へ上がっていくことが可能となる。

③はお迎えの人たちの発する光を見ている可能性がある。お迎えの人たちは我々よりも周波数が高いので、光としてしか知覚できないことがある。

なので、まぶしいと言う場合は、お迎えの人たちを光として知覚しているので、「光の中へ進んでね」とか、「光といっしょにいてね」と言うといいと思う。

逆に「真っ暗」とか「暗い」という場合もある。そういう場合は光を探すようにと言うといいだろう。光は必ずそばに来ているのだから。

おわりに

読者のみなさんが死の恐れを少しでも軽減することができたらという思いから、本書を書いてきた。死の恐れにさいなまれている人や、死の宣告を受けて余命わずかという人には特に読んでいただきたい。

死んだらお迎えが来るということ、死んでも向こうの世界で生き続けるということ。これを知るだけでも恐れはかなり軽減すると思う。また、死後への希望を持てると思う。

できればヘミシンクを聴いて実際に体験して知ることができれば、なお良いと思う。ただ、それがかなわなくても、死後についての正しい知識があるだけで違いが出る。それは、第1章で紹介したソニー時代の同僚の女性が良い例である。彼女は私の本を読んで死んだらお迎えが来ると知り、それを信じたら、本当にお迎えが来た。

だから、死後に希望を持ってほしい。死は絶望ではない。本来の自分、本当の自分に戻るだけなのだ。
そして、その先には無限の可能性が待っている。もう一度人間を体験してもいいし、フォーカス27で他の人たちの手助けをしてもいい。あるいは、何か興味のあることの調査や研究に没頭してもいい。他の天体や別次元へ探索に出かけてもいい。向こうの世界では、もう死ぬことはないのだから、心の底から安心して楽しむことができるのである。

坂本政道

2024年12月冬至の日に

著者紹介／坂本政道　さかもとまさみち

モンロー研究所公認レジデンシャル・トレーナー
(株)アクアヴィジョン・アカデミー代表取締役
1954年生まれ。東京大学理学部物理学科卒、カナダトロント大学電子工学科修士課程修了。

1977年～87年、ソニー(株)にて半導体素子の開発に従事。

1987年～2000年、米国カリフォルニア州の光通信用素子メーカーSDL社にて半導体レーザーの開発に従事。

2001年からモンロー研究所のヘミシンク・プログラムを年3回のペースで受講し、その体験を「死後体験」(ハート出版)として出版。同書がベストセラーとなる。

2005年2月(株)アクアヴィジョン・アカデミーを設立し、以来、モンロー研究所のヘミシンク・プログラムを開催してきている。

著書に「体外離脱体験」(たま出版)、「死後体験シリーズ」Ⅰ～Ⅳ「分裂する未来」「坂本政道ピラミッド体験」「あなたもバシャールと交信できる」「東日本大震災とアセンション」「ベールを脱いだ日本古代史」「伊勢神宮に秘められた謎」「出雲王朝の隠された秘密」「あの世はある！」「覚醒への旅路」「ダークサイドとの遭遇」「死ぬ前に知っておきたいあの世の話」「明るい死後世界」「ETコンタクト」(以上ハート出版)、「死ぬことが怖くなくなるたったひとつの方法」(矢作直樹氏との共著)、「高次元世界へ還る道」(光田秀氏との共著)(ともに徳間書店)、「バシャール×坂本政道」(VOICE)、「地球の『超』歩き方」(ヒカルランド)、「UFOと体外離脱」(ワン・パブリッシング)などがある。

最新情報については、
Facebookの著者ページや著者のブログ「MAS日記」(http://www.aqu-aca.com/masblog/)とアクアヴィジョン・アカデミーのウェブサイト(http://www.aqu-aca.com)に常時アップしている。

カバー・本文デザイン　轡田昭彦 +坪井朋子
編　集　豊島裕三子

あなたは、死なない
安心してください、お迎えが来ますから

2025年2月3日　第1版第1刷

著　者　坂本政道
発行者　伊藤岳人
発行所　株式会社 廣済堂出版
〒101-0052
東京都千代田区神田小川町2-3-13 M&Cビル7F
電話 03-6703-0964（編集）　03-6703-0962（販売）
Fax　03-6703-0963（販売）
https://www.kosaido-pub.co.jp/
振替 00180-0-164137

印刷・製本　三松堂 株式会社

ISBN978-4-331-52426-8　C0011